U0755400

家长的心灵课
——让你和孩子更贴心

崔景华　著

◈ 山东科学技术出版社

·济南·

图书在版编目（CIP）数据

家长的心灵课：让你和孩子更贴心/崔景华著. --济
南：山东科学技术出版社，2024.5
ISBN 978-7-5331-9531-1

Ⅰ.①家… Ⅱ.①崔… Ⅲ.①家庭教育 Ⅳ.
①G78

中国国家版本馆CIP数据核字（2024）第093092号

家长的心灵课——让你和孩子更贴心
JIAZHANG DE XINLING KE——RANG NI HE
HAIZI GENG TIEXIN

责任编辑：孙雅臻
装帧设计：李晨溪

主管单位：山东出版传媒股份有限公司
出 版 者：山东科学技术出版社
　　　　　地址：济南市市中区舜耕路517号
　　　　　邮编：250003　电话：（0531）82098088
　　　　　网址：www.lkj.com.cn
　　　　　电子邮件：sdkj@sdcbcm.com
发 行 者：山东科学技术出版社
　　　　　地址：济南市市中区舜耕路517号
　　　　　邮编：250003　电话：（0531）82098067
印 刷 者：济南普林达印务有限公司
　　　　　地址：济南市市中区二环西路12340号西车间
　　　　　邮编：250001　电话：（0531）82904672

规格：16开（170 mm×240 mm）
印张：15.25　　字数：310千
版次：2024年5月第1版　印次：2024年5月第1次印刷
定价：42.00元

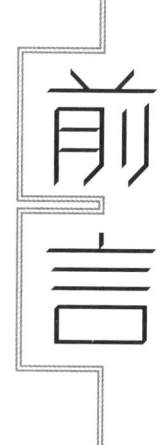

前言

　　这本书是我从事德育管理工作 34 年来工作实践的积累。我用一个个真实精练的教育案例，深入剖析孩子出现问题的原因，主要是想为家长解决这些问题出谋划策。书中案例由浅入深，小中见大。引导家长透过现象看本质，透过特性看共性，为家长们所遇到的教育问题支招……

　　为了让这本书更具实效性、可读性，我们向家长们发放了问计家长、问计学生的问卷，通过统计，对家长们在陪伴孩子成长过程中遇到的实际问题进行梳理，从中选择出家长们最关心的问题积累汇总，并通过校长答疑、专家咨询等途径寻找最佳答案，最后汇总成册。本书按照学前阶段、低年级段、中年级段、高年级段、小学全段的顺序，用一个个真实精练的教育案例，结合孩子所处阶段的心理特征、家庭及学校教育环境进行深入分析，最后归结为 93 个典型问题并给出解决方案，为家长们排忧解难。

　　家庭是孩子的第一所学校，父母是孩子的第一任老师，而且完全可以成为孩子最好的老师！每个孩子内心都有一扇门，每个孩子身上

都潜藏着优秀的 DNA 密码，我们只要找到打开孩子内心的那把钥匙，进行正确引导，奇迹就会发生。当然，家庭、社会、学校三者的默契配合，在孩子的健康成长中也是非常重要的。

我希望，这本书能对家长们解决培养孩子过程中所遇到的困难有所助益，让每个孩子都能成为最好的自己！

学前阶段

低年级段

中年级段

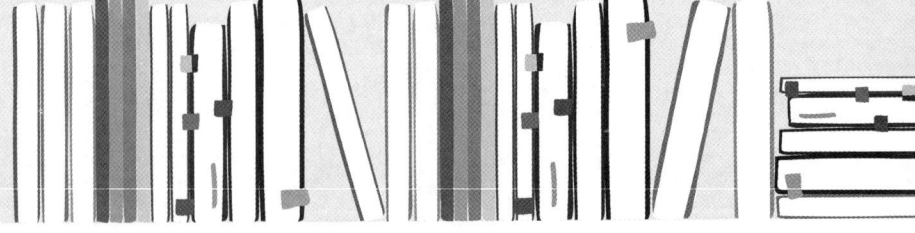

高年级段

小学全段

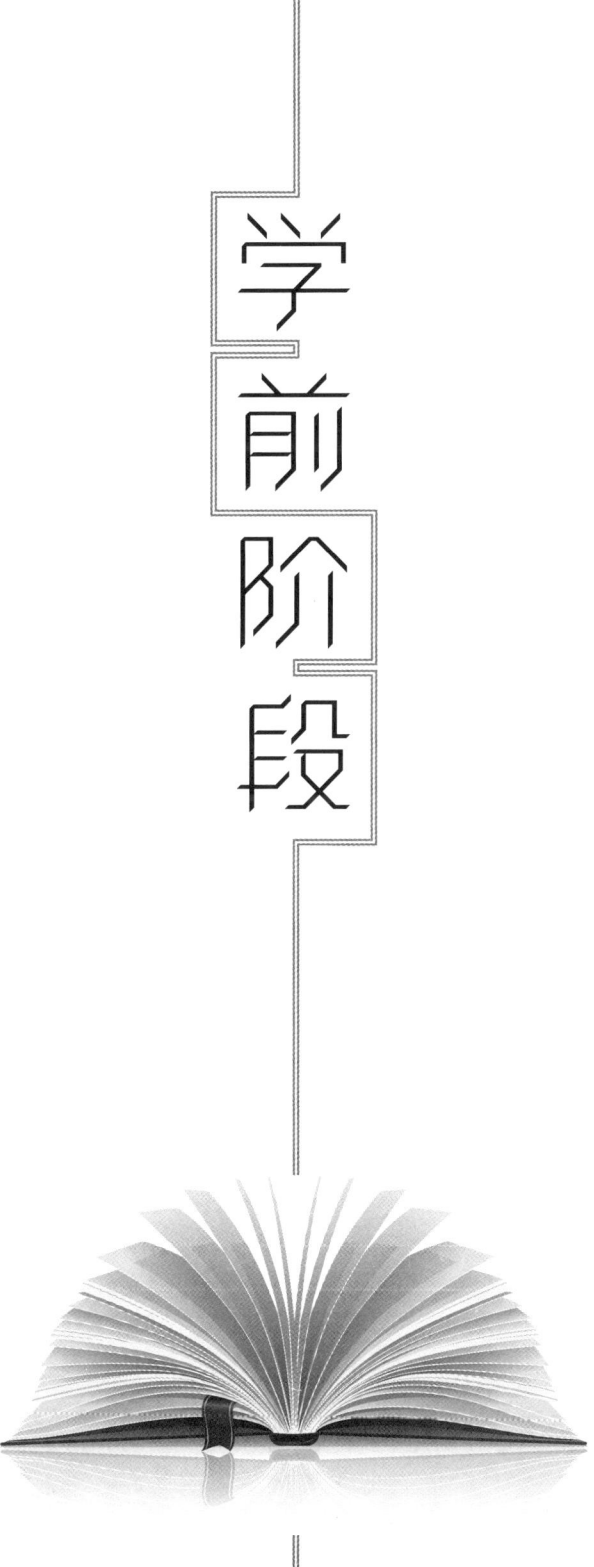

学前阶段

幼小衔接家长应该做些什么？

案 例

每年8月底，我们学校都会举办新生入学课程，召开一年级的新生家长会，校长都会亲自向家长解读学校的办学理念、办学特色及育人目标，还会对新生家长提一些建议。在长达4个小时的家长会中，没有一个家长提前离场，会场里笑声连连，泪光闪闪，掌声不断。会后，许多家长感慨地说，要是能更早点儿知道我们学校的教学理念，他们就不会为孩子的幼小衔接而盲目跟风，费那么多的心思，走那么多的弯路了……

从以游戏为主的幼儿园生活过渡到以学习为主的小学生活，对于孩子来说，是他（她）人生中的一个重大转折点。如何帮助孩子迈好这一步，上好小学这个大台阶？小明妈妈是这样做的：

一、心理准备——期待

孩子上学前，妈妈就带着孩子一起去参观学校的校园，适时地介绍学校的各种课程和活动，孩子对学校的一切充满了好奇，一下子就喜欢上了学校的专业教室。周末，小明妈妈让孩子和在我们学校学习的大哥哥大姐姐一起玩耍，在玩耍中了解了学校，并跟着大哥哥和大姐姐们参与了学校开展的周一"升国旗"活动。让孩子从内心里对小学生活充满期待、向往，做好了当一名小学生的心理准备。

二、生活准备——有序

小明在幼儿园时有时迟到、早退，时间相对自由。幼儿园的保育老师会帮助他穿衣戴帽、喝水、上厕所等，照顾得很周到。但上小学后，作息时间发生了很大变化。学校班级里人数多，尽管老师也经常提醒学生，但不可能都——照顾到。小明的妈妈很早就意识到这一点，提前开始将家里的作息时间调整到和学校的作息时间一致。同时锻炼孩子的独立意识，让孩子能够，自己喝水、上厕所，根据冷热增减衣服。上学后，给孩子准备不用系鞋带的运动鞋，衣着以舒适便捷为主，这样就减少了许多生活方面的麻烦。

三、物质准备——实用

小明妈妈根据老师的建议，在为孩子准备学习用品时，首先考虑这些用品是否简单、安全和实用。如：买布的或塑料的铅笔袋，以求软、轻；为书包"减负"，不买样式太新颖、太奇特的，因为这样的书包容易分散注意力，容易成为上课时的玩具；铅笔要买 HB 的，每天带 5～8 支铅笔上学，以便更换；每天和孩子一起检查学具和餐具是否带齐，以免影响第二天的学习生活。

四、能力准备——条件

如果说前三项的准备基本上解决了小明在学校的生活问题，那么能力问题则是小明能不能顺利地进入课堂学习状态，并获得学习乐趣和成功的关键所在。小明妈妈非常重视孩子的能力培养，比如复述的能力。小明妈妈经常有意识地和孩子聊天："你能帮我告诉爸爸一件事吗？"让孩子充当信息传递员向其他家庭成员"学舌"，然后根据孩子的表现了解他的注意力状况，并给予相应的提示和指点。这样循序渐进地由一句到多句甚至到一段话，不断增强孩子的复述能力。另外，每天给孩子讲故事时，也有意识地和孩子讨论一下故事中的角色，让孩子复述一下故事的内容。天长日久，小明在"学舌"与复述的过程中学会了倾听，注意力、记忆力和语言表达能力都得到了很大提高。再比如观察能力和思考能力。周末和节假日，小明妈妈也常带着孩子去公园，去郊外，去亲近大自然。坐在湖边，感受清风拂面，看阳光在水面闪烁，看小鸟从树梢飞过，看花儿绽开笑脸；躺在沙滩上，和孩子一同倾听浪花拍岸，欣赏云彩的变化多端，遥望星空的浩瀚无边。亲子的幸福时光，成了小明学习观察和思考的绝佳时间。小明常常会有一些不同于常人的发现，并从中享受到了观察的乐趣，养成了善于观察和积极动脑思考的好习惯。小明的妈妈还非常重视培养孩子的想象力。她支持孩子去画幻想画，还采用游戏的方法进行培养，如：同样是给孩子讲故事，讲到关键之处她便戛然而止，和孩子来做猜结局或给故事换情节的游戏。在和孩子看动画片的时候，也采用同样的方法。在游戏中培养能力，小明的妈妈觉得很轻松，小明也兴趣盎然，乐此不疲。

　　总之，孩子要上学了，需要做很多的准备。这个准备不是提前学习书本知识，而是让孩子具备学习小学知识的各方面能力，这个能力不是三五日就能突击出来的，也不是一个月两个月就能习得的，而是家长长期家庭教育的结果。如果我们帮助孩子做好了以上的准备，那么孩子的幼小衔接也就不成问题了。

孩子是否需要上学前班?

案 例

妈妈风风火火地回到家，冲着爸爸就喊："快！快去报名！聪聪妈说学前班只有最后两个名额了！"正在和孩子玩游戏的爸爸抬起头来，不以为然："不用上，那些都是小学学的东西。""不行！大家都在学，咱不学不就落后了吗？""不跟别人比，我就要让孩子多玩一年。""不行！不能让我的孩子输在起跑线上……"一场"上"与"不上"学前班的家庭大战从爸爸妈妈开始掀开了序幕，又在爷爷奶奶、姥姥姥爷等诸多亲戚的参与中硝烟四起……

孩子应不应该上学前班？要不要提前学习小学的知识？这恐怕是纠结于许多家长心中的一大问题。要解决这个问题，首先取决于家长为孩子选择什么样的学校，因为每一所学校都有自己的育人目标和特色。实践证明，我们要关注学生终身发展，不赞同孩子上学前班。

第一，国家规定学龄前儿童不上学前班。因为学前班的教学组织形式是以上课为主，教学内容是语文、数学、英语等分科课程。这与小学的内容重复，让孩子去做超出他们年龄能力之外的事情，会加重孩子的负担，也不利于孩子身心健康成长。

第二，不上学前班，孩子会不会就输在起跑线上？我非常理解家长的这种顾虑，但我认为没有必要。我班就有一个这样的孩子，他叫小新，属于零起点的孩子。正因为没有上学前班，所学的东西都是新知识，他很感兴趣，上课时也很专注，每天都怀着期待的心情开开心心地去学习。小新妈妈也因为孩子小，起点低，经常陪伴孩子学习，带着孩子在生活中通过认站牌、读广告、指导孩子一起做识字小报等认识了大量的汉字。三个月后，小新的课内识字量就赶上了那些上过学前班的孩子。更可喜的是，小新养成了良好的学习习惯，在学习上反而比那些提前学的孩子学得更扎实，在书写上也更工整、规范，正确率也更高。一年后，有些上过学前班的孩子，因为重复的学习内容让他们失去了对知识的新鲜感，孩子不爱思考和注意力不集中的现象时有发生，常常因为粗心大意而出错，我们老师也常常为纠正孩子幼小时记错和写错的字而一筹莫展。当然，对于那些学前识字量大的孩子，我们学校也采用了为其推荐适合他们的各类好书的方法，把他们引向课外阅读的广阔天地，让他们的学习也在原有的基础上得到提高，而且增长见识，开阔视野。

第三，如果不上学前班，应该让孩子学些什么呢？小新的妈妈虽然没让孩子上学前班，但也并没有让孩子放任自流。她把上学前班的时间用来培养孩子观察大自然的兴趣、好奇的探索精神以及注意力和意志力等非智力因素上，还经常带着孩子去图书馆、博物馆，并坚持每天给孩子讲20分钟的故事。一定是讲，而不是读。"磨刀不误砍柴工"，小新的进步是不是最好的证明呢？孩子不上学前班，既减轻了不必要的负担，又有更多的时间去跟家长一起做自己喜欢的事情，在游戏中学习，轻松而快乐地成长，这远比学多少书本知识更重要。

家长怎么对待老师反映的孩子的问题?

 案 例

一天,孩子爸爸一回到家就对我说:"刚才我去幼儿园接孩子,老师说咱孩子把小朋友的脸掐破了,明天让家长去幼儿园解决这个问题。"乍一听这话,我顿时感觉这件事情孩子做得不对。我正想训斥孩子,转念一想:孩子平时挺文静的,跟小朋友的关系处得也不错,从没听说欺负过小朋友,倒是有时被小朋友欺负,今天这是怎么了?这里面一定有什么原因⋯⋯

俗话说:"孩子是自己的好。"因此,经常会有家长听到老师反映自己孩子的问题时,本能的反应是不相信或不高兴:"我的孩子在我身边不是这样啊?"甚至还会觉得老师是不是在找孩子毛病,或反思自己是不是得罪了老师,老师跟孩子过不去。还有的家长会不分青红皂白地把孩子揍一顿或训斥一番,认为这就是教育。其实,您要相信,没有哪一位老师不希望孩子好,每一位老师都希望向家长报喜事,自己愉快,家长也高兴,但为了孩子的成长,有问题及时与家长联系,一定是所有负责任老师的做法。但有时老师面对全班同学,每天事无巨细,有些问题反映给家长时会有偏差,也请家长谅解老师。今天我想跟家长说的是,遇到老师反映孩子的问题,我们该怎样对待孩子?这对孩子一生的成长及亲子关系是非常重要的。家长既不能袒护自己的孩子,也不能委屈了孩子,我是这么做的:

作为妈妈，在这件事情上，我并没有马上责备女儿，而是心平气和地让孩子把晚饭吃了（无论孩子犯多大的错，我从不在吃饭的时候谈），然后和孩子面对面坐好，开始仔细询问孩子当时的情况。"你跟妈妈说说，今天为什么把小朋友的脸掐破了？""他总是用手指头弹我的头，很疼，我跟他说了好多次他都不听。我实在受不了了，就用手这么一掐，他的脸就破了。"啊，听了孩子的话，我马上抓起孩子的手一看，哎呀，手指甲忘给孩子剪了，太长了。我赶紧说："都怪妈妈，工作一忙，好长时间没给你剪指甲了，宝贝儿，遇到小朋友欺负你，你该怎么办呢？"三岁半的女儿眨眨眼没吭声，我说："是不是你应该先和他讲道理，警告他不能欺负人？"女儿说："我说了，他不听。""那你是不是可以向老师反映，请老师来管他。"女儿说："我说了，老师没管。"我说："不对吧？！该不是你说话的声音太小了或者当时老师太忙，没有听到你说的是什么？"女儿想了一下，认同地点了一下头。"那就是你的不对了，下回遇到事情，先自己解决，可以大声呵斥他住手。如果还不行，一定要找老师，大声地告诉老师，老师一定会帮你解决的。如果老师真的不管或管不了，你可以回击，今天的问题是你没有告诉老师自己就动手，伤害了小朋友，是你的不对。"已经对妈妈建立起信任感的女儿一个劲儿地点头认可。"那明天我们怎么办呢？""向小朋友赔礼道歉。""真是好孩子！"第二天，我带着孩子来到幼儿园，向老师道歉给老师工作添麻烦了，向被掐破脸的小朋友及其家长道歉，看看孩子的伤要不要紧……

我想说遇到问题，我们要做"理智"的家长：

一是要学会理智倾听，认真而又耐心地倾听孩子的讲述，给孩子申诉的机会，要懂得追本究源，免得误会孩子。

二是要引导孩子，教给方法。遇到问题先用自己的力量解决，不行再求助他人。无论是在幼儿园还是在学校，老师都应该是孩子们最信任的人，老师在孩子心目中代表着"公正、公平"的形象，使孩子因爱其师而信其道。

要教会自己的孩子，在遇到困难时第一时间告诉老师，这不仅仅是在告诉孩子解决问题的方法，更能让孩子在学校产生安全感和自信心。积极配合老师，赢得帮助孩子的最佳时机。

三是陪伴孩子，教会宽容。第二天，无论家长多忙，都应该陪孩子到学校，向老师和小朋友的家长解释两个孩子之间发生这一情况的原因，并且诚恳地向小朋友道歉，希望两个孩子握手言和，重塑友情。学会担当，收获互相理解、互相宽容的友情。

四是正当防卫，自我保护。教会孩子特别是女孩子，可以适当地还击，恰当的防卫也是孩子从小要学会的一种自我保护。我的女儿从此再也没欺负过小朋友，但在班级中小朋友都说她太厉害了，一捏就把脸捏破，从此再也没有小朋友欺负过她。对于任性跋扈不听老师、家长管教的孩子一味地退让，也会助长这样的孩子养成坏习惯，同学的回击有时也会让他（她）有清醒的认识。家长是孩子的第一任老师，家长处事的方法将是孩子成长的一盏明灯。用理智、宽容、平和的态度教会孩子处理生活中的事情，既可以锻炼孩子遇事冷静、不慌张的态度，又可以培养孩子坚强的意志品质。

家长怎么陪孩子一起玩？

案 例

同事有个男孩子，记得一次孩子不愿意跟她回家，想住在奶奶家，并对她说："我和你回家一点儿意思都没有！你不是在收拾屋子，就是在洗衣服，要么玩手机，都不跟我玩！"这句话一下子让她警醒，看似天天日常的陪伴，却一点儿也不让孩子满意。因为她的陪伴里面没有和孩子"一起玩"，所以陪伴也就没有质量。

我也有一个可爱的女儿，我在陪伴她的时间里通常和她一起玩。下面我想跟大家分享一下我是怎么陪孩子玩的。

一、玩出"双赢"

既适合大人又适合孩子的玩法有很多，努力开发就能实现玩的"双赢"。为了"双赢"，我经常打开手机搜索孩子玩具，看看哪些玩具可以让家长陪着孩子一起玩，既长知识，双方还都有乐趣。我找到了手指画颜料、化学实验箱、考古玩具、昆虫观察仪器等。这些都是益智类的玩具，跟我所教的科学学科也都"对口"。于是，每天晚饭后，我和女儿都会商量玩的内容。有的时候会在纸上玩"形状游戏"（每人画一笔，创意组成一幅奇妙的画）；有的时候会做一个酚酞溶液变色的化学实验；有的时候会刨挖几个双耳陶瓶、图坦卡蒙黄金棺、越王勾践剑的"古物"；有的时候会从

大米里面挑出一个肉虫子放在显微镜下研究。陪伴女儿的时光一下子变得丰富、有趣起来。我们一起在玩的过程中学习知识，探索世界，我和女儿越来越享受每一个"玩"的过程。这个过程无疑实现了"双赢"。

二、玩出"规则"

在为女儿寻找好玩东西的时候，有一次与在德国定居的同学聊天，她的一句话带给我启发：德国人每天晚餐后都会全家在一起玩桌游。桌游是很多种桌面游戏的统称，可以一家人一起玩……德国人为什么那么讲原则？那是因为他们从小在玩的过程中，就在学习一丝不苟地遵守规则。聊完，同学给我推荐了一款适合孩子的桌游——叠叠乐。这款游戏真的很有趣，根据抽出的任务卡叠放砖块。每张任务卡都会根据图纸的难易程度给出工钱。在规定时间里，叠放成功的砖块越多，得到的工钱也越多。一开始，女儿因为没我那么眼疾手快，总想把规则修改成对她有利，或者拒绝按规则行事。每次我都会明确拒绝，告诉她只有遵守规则才可以接着玩。几次努力之后，女儿慢慢接受了规则，和小朋友一起玩，也越来越合群。玩中的"规则"是要在玩之前提出的，并在玩的过程中努力遵守，这也是培养"社会人"重要的一部分。

三、玩出"知识"

想必很多男孩子都喜欢打打杀杀的游戏，不是执枪投弹，就是刀光剑影。如果只是单纯拼杀，家长陪玩没有意义，孩子也没有收获。所以，我跟女儿的"战场"虽然是在家中，但是我们俩的"战争"却是历史长河中的"大事件"。我和女儿第一次打的"战争"是"日本偷袭美国珍珠港"。为了让她对这场战争有多一点的了解，我找来当时战争的纪录片和电影，播放片段给她看。之后，我们俩分属两国，摆阵布兵，手持各种塑料兵、飞机、舰船就开始了对战……我和女儿打的第二场"战争"是"特洛伊之战"。为了打这场"战争"，我给女儿先买来一个木马拼插玩具，拼的过程中给她讲特洛伊木马、特洛伊战争的故事。之后，我们俩把她能用的小人分别委以角色，谁是特洛伊的帕里斯王子，谁是帕里斯王子爱上的海伦，谁是海伦的丈夫斯巴达国王墨涅拉俄斯，谁是参与战争的大英雄奥德修斯，谁是泄露天机而被巨蛇缠死的祭司拉奥孔。分配好角色后，一场"大战"拉开序幕。我和女儿边打边讲故事，古希腊传说中流传千古的故事再现。现在我经常和女儿玩的"战争"是"越南丛林战"，这是我和女儿每天饭后的欢乐时光。

玩中的学问很大，关键看我们往里面添加了什么，延伸了什么，之后又收获了什么。相信我们只要找到好玩的内容、好玩的方式、好玩的创意，就能在陪伴孩子中使他（她）学会怎么玩，并带给孩子一段段美好、快乐的难忘时光。

和女儿一起玩什么样的亲子游戏?

 案 例

一天，同事跟我聊天，说他有一个 5 岁的女儿，非常可爱。他每天忙于工作，回到家就想好好休息休息。有一次女儿委屈地对他说："爸爸，您每天都在忙什么啊？怎么不陪我玩啊？您能多陪陪我吗？"他抱了抱孩子，心里很愧疚。同事平时给孩子买了很多毛绒玩具，孩子想要什么他也都尽量满足她的要求。可真要说和女儿玩，他还真不知道和她玩些什么。

我也有一个可爱的女儿，我总是尽自己最大努力满足她的需求，虽然平时工作繁忙，没有更多的时间和孩子一起玩，常常用玩具代替自己做孩子的玩伴，但是我一有时间就陪她玩她喜欢的游戏。她最喜欢情境类、养成类、体验类游戏，如过家家、演话剧等，情节不是很激烈，但很温馨、很浪漫。作为孩子的妈妈，我想把我陪女儿玩的游戏和家长们一起分享。

一、和孩子一起演话剧

我的女儿喜欢听我讲故事，每每讲完故事，我们都会把故事中的精彩情节表演出来。这样一来，孩子对书中的人物和故事的情感体验更深切，并深深地爱上读书，潜移默化地提高了语言表达能力。在表演的过程中，孩子经常对故事中的人物、情节、背景非常好奇，询问我一些问题，我都一一地讲给她听。我还经常和孩子一起利用家中的材料动手制作一些简单的道具——普普通通的一支铅笔当作巫师的魔法棒，墩布把当作老人手中的拐杖，披上裁剪了的床单、垃圾袋当作异域公主，百变的报纸点缀上色彩变成漂亮的服饰、装饰……孩子开心的同时点亮了智慧，何乐而不为呢！如果您也有一个乖巧的5岁的女儿，我建议您先从童话故事——《白雪公主》《灰姑娘》《青蛙王子》，或中国成语故事——《望梅止渴》《一诺千金》入手，随着孩子年龄的增长，结合学校课本及相关阅读进行改编、创编。著名表演艺术家于是之说过："儿童人人都是表演天才。"表演是孩子的天性，表演可以促进幼儿自主性、创造性、想象力的发展，激发孩子创编的欲望。孩子眼中是充满幻想的，话剧表演能够让他们大胆地将自己的想法表现出来，获得成功的喜悦与思考。

二、陪孩子一起"过家家"

孩子对身边的事物充满好奇心，有意无意地都会进行模仿。我女儿非常喜欢玩"过家家"的游戏，对各种职业、身份都很好奇，喜欢模仿超市收银员、医生、老师、妈妈……我和她经常分别扮演不同的角色。玩的过程中，她总说这样"工作"的感觉很快乐，生活中居然有这么多有趣的事情可做。我们学校有一门特色课程叫作"智力七巧板"，孩子可以利用玩过的玩具大胆拼插、布景，进行再创造，并说明自己的创意来源。我很喜欢这样的课程，在家里也经常和女儿一起玩这样的游戏，说说为什么这样拼搭、组合，听她是怎么想的，再说说我的理解，花费时间不长，但事半功倍。

这些都是我经常陪女儿玩的游戏，希望对所有家长有所帮助。当然，您和女儿一起玩的家庭游戏一定有很多。这不仅仅满足了孩子的需求，更能让您培养出一个内心细腻、情感丰富、全面发展的女孩。这种活动一定会让孩子更爱您，也可以让您疲惫的心得到放松，享受到工作之余真正的快乐！

孩子学习时坐不住怎么办?

案 例

小松今年5岁多,暑假过后就要上小学了,妈妈想先教孩子一些知识,免得上学后跟不上大家。可妈妈每天把他从幼儿园接出来,孩子一溜烟儿就跑没影了。在小区花园里他和小朋友玩到天黑,妈妈几次想带他回家,他就是不肯走,每次都哭闹,甚至小朋友都回家了,他仍不肯回家。每次学习时他也根本坐不住,不是吵着玩玩具,就是东张西望,不专心,妈妈每次都要对他大声喊叫,学习效果很差。

如果您有这样的一个孩子,一定很着急。其实,学习时坐不住是孩子的天性,这样好动的孩子灵活性、观察能力更强。好动还有助于非智力因素的发展。现在很多孩子不会与小朋友游戏玩耍,小松能与小朋友和谐相处,玩在一起,妈妈应该为此感到高兴、欣慰才是。

但是,孩子太过贪玩、好动,不能专注持久地做一件事,特别是在学习时坐不住,家长就该想办法帮助孩子了。家长不妨试着这样做一做:

首先,在亲子活动中培养孩子的专注力。孩子咿呀学语的时期,并没有人刻意告诉他应该怎样观察大人说话时的口型,但孩子如果注意看大人的嘴,他张嘴说话就快;相反,孩子张嘴说话就慢。可见,专注力不是先天就有的,是需要后天培养的。因此,我们要有意识地培养孩子与家长共同读书、学习、做事的习惯。每天无论多忙，回到家以后，家长不妨陪伴孩子读读故事，和孩子一起画画、做手工、搭积木等，在亲子活动中培养孩子的专注力。

记得我的孩子小时候也非常活泼、好动，学习时坐不住。由于当时家里地方小，又怕孩子在家蹦跳影响到邻居，我常常带着他在学校操场活动，以致孩子快上学了还总不能收心，为此我非常苦恼。孩子爸爸就说，别着急，这事交给我吧。后来，他带孩子去买了一副中国象棋，每天接孩子回来，父子俩就开始下棋。从认识棋谱开始，中国象棋是模拟的古代战争，下棋就像打仗一样，对于男孩子来说非常有吸引力。爸爸的讲解，让孩子自然安静下来。认识棋子的过程中，孩子无形中也就认识了不少汉字。下棋讲究规则，有输有赢，孩子渐渐还认识到"胜不骄，败不馁"的道理。

其次，对于贪玩、好动的孩子，也可以训练孩子为家长讲述绘本故事。可以每天安排时间让孩子选择他喜欢的绘本故事为父母讲述。这是一个使孩子口、眼、脑相互协调发展的过程。孩子在讲述的过程中，注意力就会集中。把这种训练一直坚持下去，孩子的注意力会逐步提高，表述能力也会增强，同时也增加了亲子互动的时间，这样是不是一举多得啊！

如果孩子学习时坐不住是因为得了多动症，家长也不用太过担心，一些小时候有多动症的孩子随着年龄的成长会逐渐自愈，也有一些孩子通过系统训练会逐渐痊愈。有这样问题的孩子需要家长更多的关注和耐心，家长要听从医生的建议，帮助孩子度过这个特殊的时段。

我觉得家长在孩子成长过程中要尽可能抽出时间陪伴，在陪伴中注意启发和引导孩子。这样不仅能使孩子增长知识和才干，还能激发孩子的求知欲。当孩子有了求知欲之后，就可以长时间关注一件事，学习时就会坐住、坐稳了。

孩子不愿意上幼儿园怎么办？

案 例

一早起来，女儿就哭哭啼啼，穿衣服时还说这不舒服那不舒服。我开玩笑地问："难道你昨晚做噩梦了？"女儿腮边挂着泪珠，抽抽搭搭地说："我不想去幼儿园了。"眼看上班快晚了，我真想劈头盖脸大训她一顿，但又一想，我是老师，训斥责备简单粗暴，终究不是解决问题的最好方法。

我相信许多家长都有类似的经历和困惑。幼儿园并不属于义务教育范畴，可以去也可以不去，对于有时间、有精力、有能力的家长来说，完全可以自己在家完成对幼儿的教育。但是大部分家庭还是乐于把孩子送进幼儿园，因为幼儿园毕竟是一个正规教育机构，硬件设备和软件师资都是严格配置，具有专业性和系统性。对于孩子不愿意上幼儿园，家长要了解真正的原因，根据不同原因采取相应措施，对症下药。

第一步：入园前"润物细无声"的引导。

孩子为什么不愿意去幼儿园？原因之一是，有的幼儿在没去幼儿园之前就对其产生了惧怕心理。这肯定受了家长或其他人的影响，平时有的家长吓唬孩子，"再不听话就送你去幼儿园""明天让幼儿园老师收拾你"，等等。在孩子心中，幼儿园就好像狼外婆一样可怕。因此，家长千万不要拿这些吓唬孩子。家长可以和孩子一起观看有关幼儿园生活的动画片，如

《贝加的樱桃班》《幼儿园生活》等，一边看一边和孩子真情交流：你看，幼儿园小朋友在一起生活多快乐啊！幼儿园的玩具比咱家的又大又多！……您还可以和孩子一起阅读相关绘本，如《汤姆上幼儿园》《一口袋的吻》等，使孩子感受到幼儿园里原来可以发生那么多有趣的事情，引起孩子对幼儿园的向往。

入园前还可以帮助孩子做好如下准备：让孩子多接触除家人以外更多的人，建立一种愿意与小朋友和陌生人接触的快乐体验。另外，对孩子进行一些必要的生活自理能力的培养，提前做到家园配合一致，如学会用水杯喝水，学会用勺子吃饭，学会自己穿衣服，按时午睡等，最好和准备去的幼儿园一致。否则，孩子入园后就会严重不适应。比如，有的孩子没有午睡的习惯，到幼儿园睡不着，又没有小朋友与他玩，时间对他来说太漫长了，这也是许多孩子最初不愿意去幼儿园的原因之一。

第二步：入园时心灵的抚慰

有的孩子不愿意去幼儿园，是因为他从小生活在自己的家中，家中的一切对他来说是那么熟悉，充满了安全感。想想看，这个阶段的幼儿由于年龄小、依赖性强、适应能力弱，让他被动地离开自己熟悉的家人到一个非常陌生的环境是一个巨大的挑战。家长可以在出家门前与老师协商，给孩子带上自己喜欢的玩具，这个玩具能够带给他足够的安全感。还可以教孩子，如果在幼儿园遇到什么不开心的事情，除了跟老师说以外，可以多抱抱这个玩具或者跟它说说。这样能够很好地帮助孩子排解压力，帮助孩子度过分离焦虑阶段。对于有些适应能力比较差、年龄相对比较小的孩子及容易生病的孩子来说，刚开始去幼儿园半天更能够使他们接受和适应。这一阶段不如干脆第一个学期或者第一个月允许孩子只去半天，另外半天带着孩子做孩子喜欢的事情作为奖励，顺便使孩子得到调节。

第三步：入园后温柔坚持

入园后，孩子稍大一些想法就多了，有的是因为在幼儿园淘气受到老

师的批评，有的是因为胆小被小朋友欺负，有的因为幼儿园不像家里那样随便吃喝，还有的是学知识、学本领没有在家轻松自在，遇到这些情况，孩子会想尽一切理由不去幼儿园。这时的家长千万要理智，千万别"心慈手软"，在了解清楚具体原因、帮孩子解决问题的基础上，无论孩子使用什么招数不去幼儿园，都要以不变应万变，既不生气也不急躁，温和而又坚定地告诉孩子："今天是去幼儿园的时间，就得去幼儿园。"有时候孩子一哭一闹，父母就心软了，就想今天就不去了吧。这样反复几次，就会让孩子从小养成逃避责任的习惯。

另外，不知道家长注意到没有，现在社会上的特色幼儿园逐渐多了起来，不同风格的幼儿园，育儿理念也各不相同。有的幼儿园利用小孩子总喜欢追着大孩子玩这一特点，尝试把不同年龄的孩子混合在一起的"混龄"班的教学实验。结果证明，教育不是单单靠老师言传，也可以来自小朋友之间的身教，不同年龄的孩子在一起会有更多的收获。大孩子在小孩子面前感觉到自己的强大，就是一个小老师的角色，无论是知识方面还是能力方面都有优越感，从而增强了自信；小孩子喜欢模仿，不知不觉中从大孩子身上学到好的生活习惯和学习习惯，同时还学着大孩子处理小朋友之间的矛盾，在互帮、互学、互让中健康和谐成长。另外，社会上还有双语幼儿园、男老师执教的幼儿园、国学教育幼儿园等，其实，去这些幼儿园也是一个不错的尝试。家长可以全面考察后，选一所最适合自己孩子的幼儿园，使孩子健康快乐成长。幼儿园是孩子启蒙教育的第一个正规机构，它不仅担负着幼儿养成教育与道德教育的任务，还担负着语言教育和健康教育等任务，在幼儿发展过程中起着重要的引领作用。好的开始是成功的一半，帮助孩子度过幼儿园这个关键期，为孩子开启人生新起点，我们做家长的责无旁贷。

孩子胆小怎么办？

 案 例

星期天，3岁的贝贝与妈妈去宝宝乐园玩。乐园里堆满了各式各样的玩具，有的孩子见到玩具马上就跑过去，挑自己喜欢的玩具玩起来。贝贝搂着妈妈的腿，眼睛盯着地上的玩具，却不敢上前去玩，在妈妈的鼓励下，她才慢吞吞地靠近玩具，而且只玩距离妈妈最近的几种。一会儿，一位小朋友跑过来拿玩具，贝贝见状，又立刻跑回妈妈的身旁。无论妈妈怎么鼓励，她都不肯过去玩。贝贝的妈妈内心充满困惑："孩子胆小是天生的吗？如果胆子小是天生的，孩子会一辈子都胆小吗？"

"胆子大小一定是遗传和环境因素相互作用的结果。"从婴儿刚刚出世那一刻起，遗传的影响就突出地表现出来了。婴儿的哭声大小、大人接近他们时的反应，都能看出孩子胆子是大还是小。温和文静的妈妈，和孩子说话总是轻声慢语、温情脉脉，她们拘谨、矜持的性格使她们很少大声地冲着孩子笑，很少逗孩子。这类妈妈带的女儿往往胆子很小。怎么能让胆小的孩子变得胆子大起来呢？我的女儿小时候就很胆小，2岁左右每次下楼时总是要妈妈牵着小手，生怕自己摔倒，即使在平地上走也喜欢让妈妈牵着。我们不能总牵着孩子向前走，要适时放手，鼓励孩子多尝试、独自勇敢地去做。女儿3岁时，我们去超市买了一些东西后，女儿在小区里玩。

天气很热，女儿玩了一会儿对我说："妈妈，我想吃雪糕。"女儿拉着我的手就要朝超市的方向走，我停了一下对女儿说："妈妈拿着这么多东西，再走回去多累啊。妈妈给你钱，你自己到前边的水果店去买吧。"女儿听后，看了看前方大约200米处的水果店，迟疑了一会儿。我见她没有反对，接着说："你看，你往前走妈妈能一直看到，自己去买没问题的。"女儿接过钱，带着一丝犹豫转身向前走去，一路上女儿几步一回头，每次我都向她竖起大拇指。终于走进了水果店，一会儿工夫，女儿举着一根雪糕走了出来。只见出门后的女儿一溜小跑，脸上洋溢着抑制不住的兴奋。一根雪糕使女儿勇敢地迈出了重要的一步。就这样，我为女儿创设了一次次独立尝试的机会，不知不觉地在女儿的成长中注入着勇敢与自信。女儿5岁时的一天，我刚要炒菜，发现家中没盐了，便对女儿说："帮妈妈去买袋盐吧，顺着便道走就行。"（只要过两栋楼且不需要过马路。）女儿听后说："妈妈你在楼上看着我。"其实这次只能看到一小半路程，转过楼就看不到了，我欣然答应了她。女儿到了楼下向楼上的我挥了挥手，就一直向前走去。大约10分钟后，女儿从容地出现在了楼的拐弯处，看到楼上窗边的我，兴奋地挥舞着手中的盐和找回的零钱。女儿又一次拥有了成功的体验，这为她的成长奠定了很好的基础。我的女儿一路走来，逐渐消除了胆小的毛病，性格也变得非常阳光、开朗。

在生活中，我曾遇到这样的情形：5岁的东东和奶奶坐电梯下楼，刚走进电梯，奶奶突然发现忘带钥匙了，奶奶对孩子说："我去拿钥匙，稍等一下奶奶！"谁知奶奶前脚刚出电梯，后脚电梯门就关上了。电梯里只剩下东东一人，随着电梯的下行，本来就胆小的东东越来越害怕，自从这件事后，东东再也不敢单独坐电梯了。对于一个5岁的孩子，面对大千世界，有许多未知的人或事需要他们去认知，东东由于这样一次"可怕"的经历，会让他缺乏安全感，更加胆小怕事。家长不妨这样做：帮助孩子重拾安全感，鼓励孩子勇敢去面对。既然孩子对电梯恐惧，家长可以每天陪着孩子坐电梯，让孩子感觉有父母陪伴什么都不用怕。在孩子消除了恐惧感之后，家长可以带孩子一起认识电梯中的报警电话，让孩子学会在电梯出现故障时拨打电话；告诉孩子电梯监护室工作人员会快速处理，在电梯里不会有任何危险。孩子内心强大了，才可以真正战胜恐惧。在孩子战胜恐惧的过程中，家长要循序渐进，可以先让孩子独立坐电梯下到自己家的下一层，家长提前在下一层等待孩子。等孩子胆子慢慢大起来，家长再鼓励孩子独自坐电梯下楼去倒垃圾，相信孩子一定会消除对电梯的恐惧，战胜自己。

换一个角度看，胆小也有好处。胆小的孩子有较强的自我保护意识，做事比较谨慎、细致、认真。但胆小的孩子往往性格比较内向。我们做爸爸妈妈的不要强化孩子"胆小"，不要对孩子说"胆子怎么这么小？"应该有意识地想办法，多为孩子提供锻炼的机会，让孩子多见世面，多与人交往，使孩子的胆子逐渐变得大起来。

如何让孩子学会自我保护?

案 例

辰辰是一年级学生,一次课间,他和同学玩"木头人"的游戏。游戏开始了,此时一个身体强壮的孩子飞跑着向他直冲过来,可是辰辰不知道躲避,还在原地保持不动,结果被冲过来的孩子压在了身下,导致左胳膊骨折。

是啊,孩子身边要是没有大人在,该怎么办呢? 作为全家人的希望,孩子的安危牵系着一个家庭全部的幸福。可总有那么一天,他们会离开我们的视线。如何让孩子在家长不在的时候学会自我保护呢? 家长不妨尝试一下下面的方法。

方法一:创作绘本,积累自护方法

低年级的孩子爱看绘本故事,家长可以找些有关少儿安全的故事书读给孩子听,让孩子明白忽视安全的后果有多么可怕。此外,家长也可以尝试让孩子把自己曾经的受伤经历编成一个绘本集,既锻炼了孩子动手动脑的能力,又让孩子积累了自护的方法。

方法二:偶尔尝试"危险"教育

作为成人,我们总是认为孩子年龄小,什么也不懂。在陪伴孩子成长的过程中,我们总想避开一切负面因素,每次都是反复叮嘱,恨不能将孩子装进"金钟罩",穿上"铁布衫"。然而,好奇是孩子的天性,尤其是男孩子，有时大人越不让干什么，他就越干什么。这时，不如让警报提前在我们眼皮底下拉响。我的同事曾尝试过这样的做法：那时，她的孩子刚学会走路，在家总爱乱跑，什么都摸，有时还跑到厨房。大人害怕厨房的热水、刀具碰到孩子，反复跟孩子讲不要进厨房，但收效甚微。后来，她在一次孩子来到厨房时，将一杯热水放到孩子面前，让孩子用自己的小手去触碰。当孩子碰到热水的一刹那，他本能地抽回自己的手，还不断说着："怕，怕！"这时同事就告诉孩子："厨房有热水，烫，不能进去。"以后，她的孩子果真就不再往厨房跑了，还会站在厨房门口，对大人说："烫，不进去！"当然，这样的做法我们也要适可而行，以不给孩子造成负面影响为准则。

方法三：创设情境，制造险情，增强孩子的应变能力

宝贝走丢了怎么办？留在原地哪里都不要去，等着爸爸妈妈来找你，不要跟陌生人走，要记得爸爸妈妈和你之间的暗语以及我们的电话号码……这是朋友经常在孩子耳边念叨的话。可光念叨提醒还不够，他还做了一次走失试验。海边的沙滩上，朋友家的孩子涕泪横流地呼喊着他的妈妈，可妈妈的身影始终没有出现。哭了一阵儿后，男孩儿擦干眼泪，找到了海边的巡警，拨通了妈妈的电话……这一切被躲在岩石后的妈妈看在眼里，电话接通的一刻，她骄傲地冲向儿子，踏实地将他抱起……孩子的应变能力也许就在家长一次次"玩消失"中增强了。

方法四：反复训练，让方法变为习惯

我们学校每学期都会举行全校的安全逃生演习，每个孩子都要参与模拟火灾、地震发生时迅速撤离的情景。每到"119"安全日，学校还会请来消防队员，给全校学生现场讲解安全常识、进行现场模拟训练。这样的训练有效避免了纸上谈兵。孩子只有通过不断探索、试行、反复训练，才能在心理上从容镇定，真正让方法变为习惯。孩子是我们一生的牵挂，我们不能代替他们成长。孩子自己能做的事情就让他自己做，绝不包办代替。我们要有意识地培养孩子的独立意识，因为在关键时刻，这将起到无与伦比的作用。

孩子不爱说话怎么办？

案 例

由于工作性质的关系，源源的爸爸和妈妈工作都很忙。孩子出生不久就由年迈的爷爷奶奶照看。孩子一直不怎么爱说话，也不怎么爱叫人。上了两年幼儿园，家长希望源源能和别的孩子多交流，却发现他越来越沉默了。幼儿园老师说他很安静，不爱表达自己的想法。源源这种情况进入小学后会有好转吗？怎样才能改变这种状况呢？

如果出现这种情况，家长千万不要手忙脚乱，要冷静下来，分析一下形成这种状况的原因。也许爷爷奶奶年纪大了，疏于对孩子语言能力的培养；也许孩子性格内向，缺乏主动和别人沟通的意识和习惯；也许父母忙于工作，缺少和孩子沟通；也许父母对于孩子成长中的小问题只是一味地指责……想改变这样的现状，我给家长一点儿建议：多陪孩子说他感兴趣的话题。比如：今天在幼儿园最开心的是什么事儿啊？你们的幼儿园老师今天穿得漂亮吗？周末想去哪里玩儿啊？孩子说话的时候，家长要微笑地看着他，尽量不要打断或否定他。就是他说错了，家长也认真听。在我们学校有这样一则理念："即使说错了，也要理直气壮！"要让孩子自由地表达自己的思想，并对孩子的话做出积极应答。当然，家长还可以适当地引导。如："你能再说一遍给我听吗？多说几句话，我特别想听，也特别爱听！"在这一过程中让孩子逐渐体会到语言的作用，习惯于表达以及学会如何表达。

多和孩子做游戏。通过亲子游戏活动，创设语言交流环境。如模拟购物或看病：有人做店主，有人做顾客；有人做医生，有人做病人……这样的游戏，可以让孩子熟悉生活中的社交场景，孩子也能学到更多社交礼仪，从而变得大胆，敢说话。多带孩子出去交往。多参加一些家庭和朋友聚会，给孩子创造和他人交流的机会，在聚会中鼓励孩子为他人做事情，如和家长一起摆桌子，给大家端水果，和小伙伴一起表演节目，克服害羞的心理，尽情地展现自己。让他感觉到和他人一起玩耍是很愉快的事情。当然，身教重于言教，家长应主动热情地与他人交流，为孩子做榜样。另外，拍下活动的画面，闲暇时和孩子一起对着一张张照片回忆当时的情景。我们学校一直提倡活动育人的理念，在指导学生写活动作文时，我们就会结合当时拍下的照片进行回忆交流，打开学生的思路，引导学生说心里话，效果非常好。

还有这样一种情况，有些孩子两三岁时，见到熟人，"爷爷奶奶""叔叔阿姨"叫得特别亲，可是到了四五岁时却不爱叫人了。对于这种情况，家长也不要着急。记得邻居张大爷特别喜欢我的儿子小树，一见到他，就捏着孩子的小脸笑个不停，还拿出好吃的给小树，小树可喜欢张大爷了。可是有一天，小树见到张大爷躲得远远的，不肯叫他。我和孩子聊天的时候恍然大悟，原来是张大爷那天捏孩子力气有点儿大，把孩子捏疼了，这才使得小树见到张大爷躲得远远的。还有一位妈妈和我说过，过春节时，带着2岁的孩子回老家看望姥姥、姥爷。老人见到外孙子喜欢得不得了，忙抱过来亲了又亲。姥姥亲时孩子笑个不停，可是姥爷一亲，孩子就哇哇大哭。晚上，妈妈和孩子躺在一起询问此事，原来是姥爷的胡子扎疼了孩子。

上面的事例告诉我们，孩子不爱说话的原因有多种，作为家长不要惊慌着急，应该细心了解原因，以便找到解决的方法。如果孩子执意不愿意

和别人打招呼,您也不要强求,更不要指责,甚至拿他和其他孩子作比较。如果家长长期这样,就会让孩子产生一种强烈的心理暗示,孩子就会觉得自己和周围的小朋友格格不入,不受欢迎,他会更加封闭自己。当孩子在与人交往方面有所进步时,家长应当给予及时的表扬和鼓励。不应只说"有进步!""好!""你真棒!"应该进行具体评价,语言要自然亲切,如:"你刚才和小荷打招呼时那么大声,笑得那么灿烂,你们俩的关系真好!"这样有针对性的评价更能使孩子产生成就感,进而愿意主动交流。引导孩子在实践活动中丰富生活经验,增强交流体验;和孩子讲述自己亲身经历或亲眼所见的发生在身边的事情,并加以鼓励,这样既能够提高孩子的语言表达能力,还会激发他们言语交往的积极性和主动性。

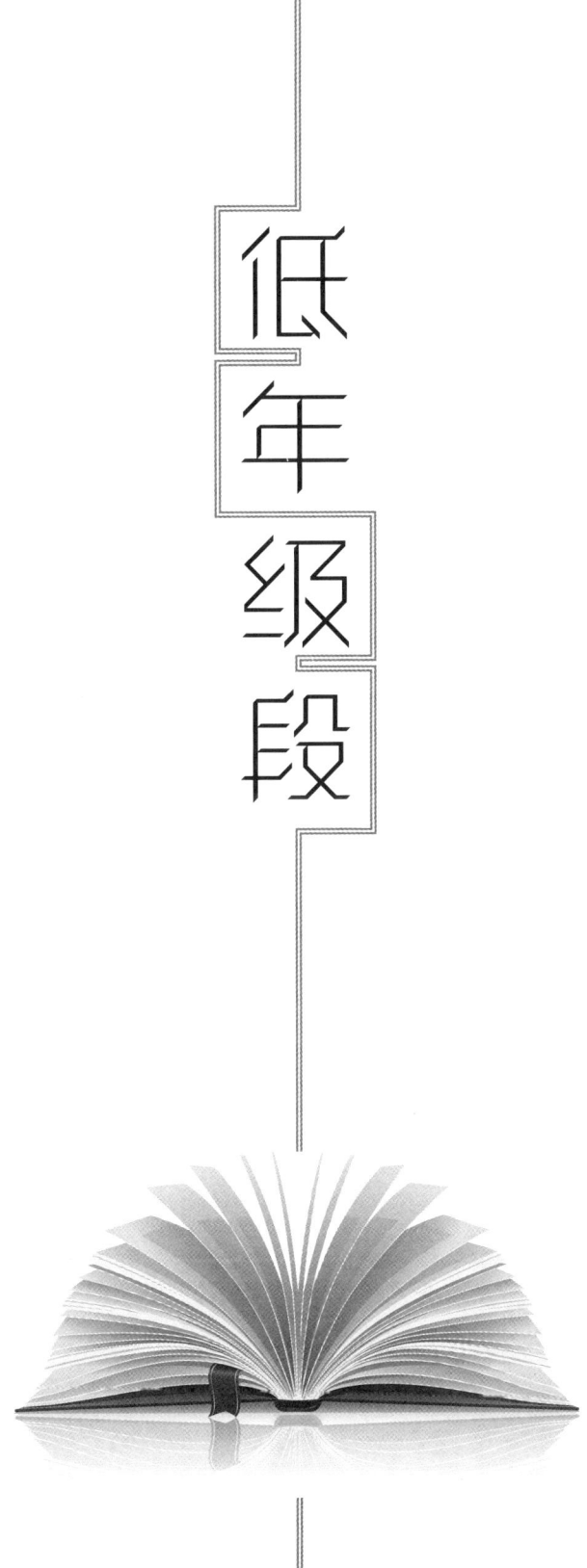

低年级段

孩子上学不能按时起床怎么办?

案 例

　　8点上课的铃声响过了,喧闹的校园顿时安静下来。我在校门口看到这样一幕:"儿子,快点儿跑!"只见一位满脸通红的妈妈一边从自行车把上摘书包,一边对身边的儿子叫道。儿子拎上书包在操场上奔跑,妈妈扶着车,伸着脖子,目送着远去的儿子,从那焦虑的眼神里分明能读出母亲心中的潜台词:儿子不会摔倒吧?进教室会不会挨老师批评?小朋友会不会嘲笑他?

　　孩子上学不能按时起床,妈妈心疼孩子想让孩子多睡一会儿,就会出现上述让人担心的场景,这是我们很多家长都会遇到的普遍问题。对于刚上学的孩子,第一个习惯养成应该是"按时起床,上学不迟到"。迟到看似是小问题,但久而久之就会形成不好的行为习惯,这一点不光是针对孩子上学,将来可能会成为决定孩子前途命运的细节。从"小"做起,培养孩子良好的生活习惯很重要,家长不妨在开学第一个月制订培养孩子早晨不赖床的每周培养目标:

　　第一周,由爸爸妈妈叫醒孩子,孩子在催促下马上起床;

　　第二周,当爸爸妈妈叫醒孩子后,孩子不用催促就起床;

　　第三周,让孩子试着学会利用小闹钟(当然最好是带音乐的铃声)叫早,爸爸妈妈悄悄帮助;

　　第一个月的最后一周,孩子自己起床后,还有时间叠好自己的小被子,

洗漱完毕。

专家说：一个好习惯养成需要 21 天。在这个过程中，家长要强化生活习惯的养成，适时引导，时时提醒，在不断的强化练习中使孩子养成良好的生活习惯。只要我们持之以恒，好习惯的养成并不难。

生活习惯培养要从"小"做起。所谓"小"，一方面是从小时候培养，就如著名学者培根所说："习惯是一种顽强而巨大的力量，它可以主宰人的一生，因此，人从幼年起就应该通过教育培养一种良好的习惯。"儿童时期正处于人格形成、习惯养成的初期，儿童不是用规则可以教得好的，规则总是会被他们忘掉。但是习惯一旦培养成功之后，便用不着借助记忆，很自然地就能发挥作用了。另一方面，就是从小处着眼，正所谓"致广大而尽精微"，在小的细节上下功夫，循序渐进，才能更有效地培养孩子良好的生活习惯和学习习惯。

孩子上学时常忘带学习用具怎么办？

　　校门口又有家长跟保安在吵，我正好赶上，走过来了解情况。原来，孩子上课后发现语文书没带，于是给妈妈打电话要求送来，妈妈跟单位领导请了假，往返一小时路程来学校给孩子送语文书。保安按照学校的要求，为保证学生安全，不让家长进校园，请家长写好班级姓名，放传达室，由保安负责送到孩子班级，家长不放心，于是便争执起来。

　　孩子上学丢三落四，家长常常给孩子送学习用具，这样的家长也不少见。所以说孩子上学以后第二个好习惯就是"每天带齐学习用具"。这样的问题怎么解决呢？建议从"细处"做起，培养孩子良好的学习习惯。家长不妨试着这样做：

　　第一步，爸爸妈妈带孩子看着课程表一起准备好第二天的学习用具。一边教孩子认课程表上的字，一边让孩子观摩爸爸和妈妈的做法。

　　第二步，一周后，孩子在爸爸妈妈的帮助下，一起准备好第二天的学习用具。这期间要及时鼓励孩子、肯定孩子。

　　第三步，要让孩子知道自己的事情自己做，不给爸爸妈妈和同学添麻烦。每天自己对着课程表独立准备好学习用具。此时，爸爸妈妈还不能完全放手，在孩子睡着后，要帮助孩子检查一下书包（切记不能让孩子知道），

查漏补缺，第二天孩子回家后要表扬他，以树立孩子的自信心。

第四步，家长就可以彻底放手了，如果真的忘记带了，孩子就要学会接受批评。

总之，不建议家长放弃自己的工作，每天给孩子送用具。家长不要做孩子的"奴隶"，那会让孩子没有内疚感，也产生了依赖性，甚至会不承担责任并埋怨父母。这些虽然只是一些小细节，但是没有规矩不成方圆，只有严格要求孩子这些小细节，才能使之成为自然之事，才能使他们在以后的学习中能够更快地适应，更好地学习。

古人云："养其习于童蒙，则作圣之基立于此。"意为，孩子养成良好的习惯，将会为其一生的事业奠基。而良好学习习惯的养成在学生成长之路上则起着奠基作用。它是取得良好学习成绩的基础，是学习能力培养的起点，也是孩子迈向成功的奠基石。学习习惯是在学习过程中，经过反复练习形成并发展成为一种个体需要的自主化学习行为方式的。养成良好的学习习惯，有利于激发孩子学习的积极性和主动性，形成学习策略，提高学习效率，培养自主学习能力、创新精神和创造能力，使孩子终身受益。

不言而喻，凡是学习成绩好且稳定的孩子，都有良好的学习习惯，而成绩不稳定的学生并不是不聪明，而是缺乏良好的学习习惯。因此，我们要重视孩子的学习习惯的养成。

如何让孩子适应小学生活？

小红同学上一年级有一周时间了，妈妈发现自己的孩子并没有像其他孩子那样开心。与老师交流后才知道，孩子一到下午上课就精神不好，有时还趴在桌子上睡着了，中午吃饭的时候也总是最后一个吃完，桌上地下常常能看到食物残渣。妈妈一听着急了，连忙询问老师有没有什么好办法帮助小红。

孩子在学校生活中总是手忙脚乱的，是因为还没有完全适应小学生活。了解了孩子不适应的原因，我建议广大家长朋友可以这样帮助孩子：引导孩子进行角色转换。潜移默化地让孩子意识到：我已经不是幼儿园小朋友了，而是一名小学生。小学生就要遵守学校的作息时间，还要自己的事情自己做，打理好自己的日常生活。

调整孩子的作息时间。小红在幼儿园时上学可以晚去，也没有严格的上下课时间，相对比较自由，每天中午还可以在学校午睡。上了小学后，就有了明确的纪律规定，上学不能迟到，上课不能随便走动，中午更没有了午睡的时间。小红由于没有及时地进行调整，所以上课就忍不住睡着了。妈妈可以和小红一起制订一个早睡早起的时间表，如晚上 8 点后不做剧烈活动，9 点之前上床睡觉，早上 7 点起床。这样养成习惯，保证有充足的睡眠。

在以往午睡的时间，可以让孩子做一些自己喜欢的动手动脑活动，如画画、剪纸、拼插玩具等，转移孩子的注意力，慢慢地改掉睡午觉的习惯。妈妈还可以在家里制定一个作息时间表，如果孩子执行得好，就给孩子贴上一个奖励的标志，当这个标志达到一定的数量后，就再给一个大的奖励，对孩子的进步进行正面强化。这样坚持一段时间，把生物钟调到与学校的作息时间基本同步，孩子就能适应了。

针对小红吃饭的问题，妈妈可以在家里陪着孩子进行模拟演练。中午吃饭了，让孩子洗手坐好，爸爸和孩子扮演小学生，铺好桌布，摆好餐具等待分饭，妈妈则扮演老师给他们分饭。吃饭的时候要认真，不说话，不挑食，尽量不掉饭粒，吃完了要把餐具装好，还要收拾桌面和地面的卫生。对表现好的地方妈妈要及时地表扬，同时也要关注需要改进的地方，以在下一次演练的时候引起注意。多次练习强化后，这个问题就能得到相应的改善。

另外，如果您家离学校很近，中午不妨接孩子回家睡会儿午觉。特别是开学后的第一个月是孩子的不适应期，我们应该给孩子一个缓冲期，让他慢慢适应小学生活作息。

不过，孩子不适应小学生活的原因是多种多样的，不同的孩子解决的办法也不一样。我们要分析原因，找到适合自己孩子的解决办法，及时地帮助孩子进行调整。在教育孩子的道路上，遇到问题不要着急，因为办法总比困难多。

低年级孩子放学回家该做什么？

放学时，一位一年级的妈妈忧心忡忡地向我诉说："老师，您每天能给孩子们留点儿作业吗？放学后，宝贝总是理直气壮地告诉我今天没有作业，他的自由时间太多啦，总是疯玩儿，孩子真是轻松，可我越来越焦虑了。"

一、二年级学校是不布置书面家庭作业的，这令很多家长十分困惑，孩子回家后该做些什么呢？我们可以根据孩子的成长需求，将每天放学后的时间分为以下几段：

一、亲子时间

孩子在学校学习生活，每一天都会发生许多事情，或开心或悲伤，或有趣或惊险，或成功或失落。作为家长，我们可把"亲子时间"安排在接孩子的途中，也可安排在餐桌上，把孩子当作自己的朋友，倾听他们的心声，鼓励他们提出问题，为他们出谋划策、排忧解难，让孩子对未来的学习生活永远充满期待。

二、回顾时间

每天回家有一段重要时间是我们家长和孩子共同坐在书桌前，请孩子拿出课程表及课本，一起回忆一下一天的课程学习。可听孩子读读所学课文，可翻看一下孩子的数学书检查一下课堂作业的正确率，可让孩子唱一

唱新学的歌曲等。家长根据孩子对课堂学习的回顾可大致判断孩子对学习的掌握情况，及时查漏补缺，使孩子养成良好的学习习惯。

三、运动时间

喜欢运动的孩子更加阳光、健康，因此，放学后我们可根据孩子的兴趣陪孩子充分运动一下，跑步、打球、跳绳、骑车、玩滑板、踢毽子。如果在小区里运动，不要忘记鼓励孩子多交几个好朋友，这可是培养孩子交往能力的好机会哟！

四、读书时间

上学后孩子认字越来越多，正是发展孩子阅读能力的黄金时期，因此，每天晚上选择一个固定的阅读时间尤为重要。作为家长，对于阅读的书目我们可有一个短期、中期及远期规划，每天的阅读书目，最好由孩子自由选择，根据孩子的阅读水平，可让孩子独立阅读，也可亲子交互式阅读。周末时间充裕，一家三口还可以把近期阅读的故事演一演，这可是激发小朋友阅读兴趣的好方法哟！对了，记得每天阅读结束后一定要指导孩子记下阅读的书目、阅读页码及阅读时间，培养孩子良好的阅读习惯要从点滴小事做起！

五、劳动时间

专家认为，培养孩子独立性应该从培养孩子做家务开始，儿童劳动时间越长其独立性越强，也越有利于形成勤劳简朴的品格。放学后，我们可鼓励他们承担一两项家务劳动，如整理鞋架、摆碗筷、倒垃圾、洗袜子、给宠物喂食、接听电话等。孩子劳动习惯的养成需要我们家长坚持不懈地鼓励！

六、种植时间

每到春天，我们家长不妨和孩子一起在阳台上种上一些蔬菜或水果的种子，每天放学后与孩子一起浇水、施肥，共同观察种子的生长。还可鼓励孩子图文并茂地记下植物生长的过程，这样不仅使孩子了解了植物生长的过程，还培养了他们的观察能力、写作能力，同时也激发了孩子对自然科学的兴趣。对于科学兴趣浓厚的孩子，家长还可以像我们学校一样，鼓励孩子开展小课题研究。

七、绽放时间

每个孩子的天性各不相同，家长一定要因势利导，根据孩子的兴趣确定一个专长，如弹琴、画画、舞蹈、唱歌等，坚持每天练习，发展孩子的一技之长。

八、电影欣赏时间

每天放学后我们可以安排一个"电影欣赏时间"，家长可为孩子挑选一些经典的儿童电视剧、电影供孩子欣赏，相信孩子一定会在影片中学会感恩、学会爱与给予。

九、创意时间

我们可以在秋天鼓励孩子收集落叶，在平日鼓励孩子收集塑料瓶、硬纸板、小瓶盖等，放学后可在"创意时间"与孩子一起变废为宝，这可是培养孩子实践能力与创新能力及环保意识的好机会呀！

学校不布置书面作业，是希望给孩子提供充分的自由支配的时间，让孩子在实践活动中绽放个性、健康成长。作为家长，我们可与孩子共同制定成长目标，积极引导、合理规划，帮助孩子度过每天放学后的时光。在家中的课余时光是属于孩子的，作为家长我们应该充分尊重孩子的选择，以上只是我们的一些小建议，相信大家一定会与可爱的孩子们共同创造出更加精彩的课余生活，相信孩子们会在丰富多彩的活动中自由、健康、幸福、快乐地成长。

孩子对数学学习有障碍怎么办?

案 例

女儿上幼儿园大班的一天,我被老师请了过去,面对同样是老师的我,幼儿园老师直言不讳:"你必须教教你女儿了,你看看,这些题她都不会!"接过老师递过来的小卷子,我有些惊呆了,一是因为卷子上的加减法题基本就没有几个对勾,二是因为我不知道作为幼儿园大班的孩子竟然已经开始算这么难的题,例如:( )-7=2。回家的路上,我与女儿有了如下对话:

"宝贝,你喜欢学数学吗?"

"不喜欢!"

"为什么?"

"因为我笨!"

"谁说你笨了?"

"老师!"

我愕然了……

我们都希望自己的孩子不要输在起跑线上,所以面对孩子掰手指头也算不对我们认为如此简单的题目,您是否也经历过那份沮丧、无助、难过?我想同样作为家长,我当时的心情广大家长朋友是可以体会的,作为一名幼儿园大班的孩子,女儿不但已经丧失了学习数学的兴趣,而且已经否定

了自己，用"心在滴血"形容我当时的心情，一点儿不为过！孩子数学学习是不是有障碍？

与我有类似经历的家长朋友，我以我的亲身经历告诉您，遇到这样的情况，您大可不必先给孩子定性，只要我们找到问题的根源，问题就会迎刃而解。当我在为女儿的"数学学习障碍"苦恼，一心想通过让她多做题"消除障碍"时，我关注了机关第一幼儿园，于是我果断地将孩子转了过来，并且将孩子的情况与负责的老师进行了沟通，我们取得一致的共识，就是先要让孩子喜欢数字。这之后，幼儿园老师特意为我的孩子设计了许多有趣的、她喜欢的活动，例如：老师带着孩子在花盆种下种子，然后从种子开始发芽就每周用尺子量一量小苗的高度，然后让孩子将数字记录下来；老师还特意指派她管理班级的玩具，每次孩子们玩完后都要"委托"她将玩具数一遍，然后将数量汇报给老师；老师还提示我，在与孩子玩耍中也要有意识地去培养孩子的数感，如在商场里可以边走边玩比赛数地砖数量的游戏，在路上数一数路两边的树、汽车，数的时候还可以比一比哪边的多，多多少……渐渐地，我们发现孩子对"数"感兴趣了，一系列的游戏还增强了孩子学数学的兴趣。

孩子上了一年级后，我将孩子的前期情况告诉了老师，老师了解情况后也在教学中有意识地设计了一些活动让孩子喜欢学数学，同时，还提示我让孩子在生活中、游戏中学数学，比如：学习人民币时，我们开了一个家庭小超市，将家里的许多物品标好价钱，用印好的人民币样张进行"买卖"，从中她学会了换算；学习时间时，我会表演出一天生活中的许多状态，让她在表盘上拨出相对应的时间；学习混合运算后，我们开始每天在家里用扑克牌玩"24点"的游戏……就是在这一个个小游戏中，孩子学习数学的兴趣越来越浓厚，对学好数学越来越有信心。

现在我的孩子非常喜欢学数学，学习上不再有所谓的障碍。所以当您的孩子学习上有障碍的时候，您一定要先去分析一下孩子为什么不喜欢学

习或者为什么不喜欢某一科的学习，千万不要说孩子"笨""傻"，让孩子一下子失去自信。我们一定要找准原因，对症下药，帮孩子清除学习上的障碍。现在许多年轻的爸爸妈妈平时工作很忙，但再忙也要挤出时间和孩子一起玩耍，找到问题的原因，多鼓励，在潜移默化中让孩子感受到数学学习和我们的生活密切相关，不逼着孩子只做题。当孩子将冰冷的数字与生活中的事物建立起联系时，当孩子在游戏中觉得数字可爱时，对于数学学习，还会有什么障碍呢？

孩子背不过古诗怎么办?

案 例

小禹是一个爱读书的孩子,午饭后、课间时总是能看到他争分夺秒地捧着一本书津津有味地阅读,但就是这样一个"小书虫",一说起背古诗却是满脸的畏难情绪。老师留的古诗背诵作业在他看来显然已是沉重的负担,家长在家中可谓是软硬兼施,但效果似乎也不理想,久而久之,孩子似乎都有点儿怕古诗了。

小学课本中的古诗词是语文专家们仔细斟酌筛选出来的,可谓是精品中的精品。短短几行字,寥寥数言语,韵律美妙,蕴含着无比丰富的情感或哲理。其实,也正是因为古诗词语言无比凝练,蕴含在其中的道理有些隐晦,再加上古人的生活距今有些久远,所以孩子们不能轻易走进古代诗人的内心世界,体会那时的景语与情语。目前,传统文化越来越得到人们的重视,古诗文的诵读成为家庭、学校的热门之选。

心理学家告诉我们:人的一生中,0~13岁以前是记忆力最好的时期。所以孩子背不下古诗多半不是孩子记忆力的问题。对于不感兴趣的事物,孩子必定排斥、难以接受。那么怎样能让孩子爱背古诗词呢?家长不妨试着这样来做做。

其一,断句背古诗。能够恰当断句说明了解诗句的意思,也找出了诗

句连词成句的规律。五言唐诗一般是2、2、1停顿，如"离离 / 原上 / 草，一岁 / 一枯 / 荣"。七言唐诗一般2、2、3断句，如"天门 / 中断 / 楚江开""山色 / 空蒙 / 雨亦奇"。但是有的诗句要根据词的意思判断，例如，"天上 / 多 / 鸿雁，池中 / 足 / 鲤鱼"。总之，断句停顿合乎诗意，合乎诗人的情感。稀里糊涂地背诵就难以背下来。

其二，编故事背古诗。没有一个孩子不喜欢听故事。可以根据古诗的意思编故事，生涩的诗句变成了有情节的故事，就突破了古诗词难懂的问题。孩子借助故事明白了古诗的意思，离准确地背诵出诗句就只有一步之遥了。家长可以讲一句故事，孩子对一句诗句。故事情节与诗句产生关联，可以帮助孩子有效记忆古诗。

其三，配乐唱古诗。古人吟诵古诗有特定的语调，起伏的语调有助于记忆。我们不会古人的吟诵怎么办呢？可以配自己喜欢的音乐唱古诗。例如，一位同学用歌曲《送别》那平缓而略带忧伤的曲调唱起了"山外青山楼外楼，西湖歌舞几时休？暖风熏得游人醉，直把杭州作汴州"。

其四，绘画背古诗。在了解诗句意思的基础上，擅长绘画的学生可以为古诗配画，可以一句一画，这样以连环画的方式可以建立画与句的关联，帮助孩子背诵。

故事激趣、配唱激趣、绘画激趣，都是充分调动学生多种感官，通过演、讲、唱、画等多种形式学习古诗词。

汉语是世界上最具美感的文字，古诗词更是如此。背诵与阅读的目的都在于品味汉语言的文字之美，所以不必给孩子太大压力，重在启蒙、重在熏陶、重在积累、重在兴趣。久而久之，孩子的语文能力及文学素养都会有很大提高。

如何让孩子爱玩儿?

案 例

学期的最后一天,老师高兴地对孩子们说:"放假啦,和爸爸妈妈去旅行吧!"可孩子们却并不兴奋。有的小声说:"不想去。"有的说:"没时间。"经过询问,才知道有的家长给孩子报了很多的课外班,根本没时间去玩儿。有的孩子和父母出去玩,但是还没出发,就接到了很多任务,什么写见闻啊、写感受啊,让他们玩都玩不痛快,所以这些孩子索性选择不去。

我曾经在一次家长会前做了一个调查,其中有一个问题是:你想对爸爸妈妈说些什么?没想到,答案非常相似:爸爸妈妈,别再给我报课外班了。每次带孩子出去玩我都发现,双休日的儿童乐园、博物馆、科技馆、每天放学后的小区楼下花园,几乎都是学龄前儿童的天下。爱玩,是儿童的天性。其实玩耍也是一门学问。儿童处于知识吸收能力很强的年龄,玩耍的过程不仅可以激发孩子求知的欲望,培养孩子探索世界的浓厚兴趣,还可以让孩子学会沟通技巧,学习与人相处之道。有专家指出:儿童在入学前几年所学的东西,比一生中任何时候都要多,学得也快,且大部分知识是在玩耍中学到的。因此父母不要小视孩子的玩耍。那么如何让孩子爱玩呢?

首先,要把玩的时间还给孩子。当我们把时间还给孩子,孩子还是不

爱玩，怎么办？那我们就要去寻找孩子不爱玩儿的原因，并且积极解决。我和爱人都非常热衷自驾游，寒假、暑假、各种小假期都去，每年累计至少两万公里的行程。孩子小的时候，我们都是把孩子留给爷爷奶奶，自己行动。等孩子到了四五岁，我们带孩子出去玩的心也开始蠢蠢欲动。但是孩子对随同我们自驾游却没有一点儿兴趣，每次都选择和爷爷奶奶在家玩。为什么会这样呢？因为我女儿从小就晕车。每次坐车外出，都要打听路有多远，一听路远就根本不想去。毫无疑问，在"不爱玩儿"这个问题上困扰我孩子的就是"晕车"。针对这个问题，我们是这样做的：每周一次郊游。每个周末，我们都会抽出一到两天带孩子进山游玩。让孩子既享受到游玩的乐趣，又能够逐渐适应车上时光。车上要有故事听，每次上车后，我都会给女儿播放手机里面存储的儿童故事、百科知识。孩子入神倾听的时候，晕车感自然就会减弱。后座是她的"安乐窝"，睡觉是抵抗晕车的好方法，所以，每次外出，我都会给孩子在后座上舒舒服服布置一个小床铺。被子、垫子、枕头、玩具、水果一应俱全，满足她的各种需求。到目前为止，孩子已经能抵抗住晕车带给她的烦恼，上车睡，下车玩，两种"模式"切换自如。去年一年，孩子跟随我们自驾穿越深山、横跨草原、野外露营也有好几次。现在如果我再问她："你想和爸爸妈妈开车出去玩吗？"她一定会斩钉截铁地说："去！"

对于案例中提到的上学后的孩子不爱玩，究其原因：一是孩子报班多，没时间；二是孩子任务多，有负担。所以，建议家长在寒暑假合理安排孩子的时间，劳逸结合，每个假期都带孩子旅游一次，行万里路，读万卷书，既保护和满足孩子爱玩的天性，又在社会大课堂中开阔视野、丰富阅历、增长见识。对于在旅游前给孩子布置写作任务的家长，可以通过自己写旅游日记并与孩子分享旅游见闻的方式激发孩子的写作兴趣，潜移默化地熏陶孩子，慢慢地孩子会自觉地爱上旅游，爱上写作，心中会有一种不吐不快的欲望，会自发地记录旅游的见闻和感想。接下来，家长可以和孩子一

起将孩子的旅游日记结集成册，编辑成书，让孩子与班级同学分享。

孩子天生都是爱玩的。还给孩子更多玩的时间，让他们有时间去玩。如果孩子不爱玩，一定要寻找原因，积极解决，不要强拉硬拽，勉为其难。相信每一位家长都愿意自己的孩子在童年里能痛痛快快地玩儿，快快乐乐地成长，拥有身心健康、天真烂漫的童年时光。

孩子是否需要报课外班?

案 例

升入小学后,乔乔妈妈发现身边报课外班的孩子越来越多,而且有的孩子还不止报一个班。这让一向希望孩子自由发展的她不由动摇了:到底该不该给孩子报课外班?是该报一项还是报多项呢?舞蹈练习形体,钢琴提高素养,书法涵养气质……

可以说,每种课外班都有它存在的意义,都对提高孩子的个人素养有好处,甚至有些孩子未来的职业选择都源自小时候在课外班中培养起的兴趣和技能。所以,在家庭条件允许的情况下,为孩子选择课外班,作为课内学习的有效补充,让孩子多才多艺、全面发展是完全可以的。但是到底该报一项还是多项,我们有以下建议供家长参考:

一、课外班报几个要以孩子兴趣为主

小琪聪明活泼,精力旺盛,爱好广泛。在保证学校功课出类拔萃的同时自己选择了跆拳道、乒乓球、小提琴、数学思维、绘画等课外班,并从不任意间断学习,每个课外班上都表现出色。对于这样的孩子,可以尊重孩子的意愿选择课外班。但是如果孩子在课外班上提不起精神,甚至一提上课外班就大哭大闹甚至呕吐,那就说明这个课外班并不是孩子喜欢的,这时再逼迫孩子,势必影响孩子心理健康,因此可以考虑停掉。

二、课外班报几个要考虑到孩子身体

每个周末陪女儿上课外班，总看到一些家长和孩子为了在几个课外班之间赶时间早早就出门，上完一个课外班后买一份快餐在车上匆匆吃完就赶往下一个学习地点。经过一周紧张的校内学习，孩子和家长原本可以利用周末的时间好好休息一下，一起锻炼锻炼身体，但是过多的课外班却占据了孩子和家长的时间，长此以往，孩子的身体必然出现问题。同时身体的疲劳会影响孩子注意力的集中，这种状况下，孩子学习任何东西都不会有好效果，还养成了做事不认真、应付的坏习惯。所以，当课外班过多，影响到孩子正常的休息和用餐时，就要在征求孩子意见的基础上减少数量，保留一到两个为宜。

三、课外班报几个要看课内学习状况

曾经有孩子连续一周不完成学校作业，理由就是我每天放学后都有课外班，回来晚了，没时间写。这让老师非常为难，既心疼孩子，又担心学校所学知识不能及时复习巩固，影响孩子成绩。因此，除非孩子课内学习满足不了他旺盛的需求，否则家长还是要以课内学习为主；如果课内学习都非常吃力，就要先停掉课外班学习，帮助孩子夯实课内基础，树立孩子的自信心，而不要抱着从众和怕吃亏的心理让孩子继续课外班的学习，造成什么都学，什么都没学好，还失去了学习兴趣的局面。

四、课外班报几个参考校内课外活动

我们学校为了孩子们的个性发展，开设了58门选修课，建立了满足孩子不同需求的社团。我们班的小言同学就参加了学校的足球队。在这里，他既满足了兴趣，又得到了专业的指导。但是要想练好足球，需要时间上的保证。于是小言妈妈在与孩子商量的基础上毅然停掉了舞蹈班和声乐班，只保留了学校选修课的活动，以让孩子能有更多的时间和精力坚持足球的学习与训练。正是这个选择让孩子能在训练时保持良好的状态，短短两年后就代表学校参加全国青少年足球比赛并获得了一等奖的好成绩。从此小

言树立了自信心，对于足球的训练更加刻苦了。所以，当学校为孩子们组织了丰富的课外活动时，家长可以少报或不报课外班，多鼓励孩子参加学校的社团活动。

这个世界上没有一个父母不爱自己的孩子，所以无论是报还是不报课外班，是报一项还是报多项课外班，都体现了大家对孩子的爱。我们唯一需要注意的是：我们爱的前提一定是孩子真正的需求和感受。

孩子不爱收拾学具怎么办？

案 例

　　朋友的女儿刚上小学一年级，晚上，她指导孩子写完作业后，让孩子自己收拾书包，孩子轻描淡写地说："妈妈，你帮我收拾吧！"妈妈也许是当时已经很累了，有些不耐烦地说："你自己的书包为什么不自己收拾？"女儿还是不以为然地说："你帮我收嘛！""不行，你自己收！"也许是因为妈妈的语气有点儿严厉，总之这时的女儿居然朝妈妈翻了一下白眼，然后高傲地不屑一顾地走了！这下可把妈妈惹火了，"啪啪"，朝着她的屁股扇了两巴掌后，女儿老老实实地收拾了书包……

　　其实，这个孩子并没有根深蒂固地认为自己的东西应该自己收拾，估计这位家长有时帮孩子收拾东西，有时又不帮，这样孩子就会搞不清楚状况；同时，在孩子没有明确自己收拾书包的前提下，家长这种强硬的态度自然会引起孩子的抵触情绪。

　　那么应该怎么做呢？我有如下的建议：

　　第一步：一定要让孩子认识到，收拾书包就是她自己的事情，关键是这个规矩定下来后，执行的时候一定要彻底！

　　通过幼儿园阶段的学习，我相信孩子们都同意：从哪儿拿，放哪儿去，自己的东西自己收拾！同时，家长们要铭记：不能没有理由地有

时帮孩子收拾，有时又严厉地说你要自己收拾，让孩子清楚地知晓标准只有一个。

第二步：当孩子有抵触情绪时，最好不要"当面锣对面鼓"，可以给她一个缓冲的时间，因为孩子也是有自尊的，不喜欢被人逼迫！

下面说说我自己孩子的故事吧：第一次让孩子自己收拾东西时（上幼儿园之前），她很不以为然地说："妈妈收，我正忙着呢！"再看她的神态，她根本就不认为玩具该她自己收，所以第一次我就帮她收了！做通思想工作后，第二次，我再让她自己收时，她犹豫了一下，说："妈妈帮我收吧。"（孩子都有讨价还价的本能）和第一次相比，她起码提到一个"帮"字，而且说起来也不像上次那样无所谓了，所以我也顿了一下，说："妈妈先去刷牙，等会儿再回来，是不是会看到惊喜呢？我相信，你一定能像小棕熊那样自己收拾的对不对？"我走时偷偷瞟了她一眼，她虽有些不愿意，但还是开始慢慢地行动。等我刷完牙回来，她已经收拾好了，然后，我很夸张地表扬了她。从此以后，她就很乐意自己收拾自己的东西了！直到现在，周末出门去公园，她也是自己收拾自己的东西，当然，我会以她不知道的方式关注着，直到她收拾完了，然后假装很偶然地提醒她是不是还要带什么东西，她就会很感激！

第三步：如果还不行，重复前面的第一步、第二步，这个过程中一定要有耐心！对于男孩子来说，这个过程可能完成起来不那么顺利，但就按照这样的步骤坚持下去，一定会有收获的！

处理这类问题的核心在于：标准要很明确，贯彻起来要始终如一，不能让孩子感到家长想怎样就怎样，而自己永远都是被强迫的、被批评的！有位家庭教育专家曾经说过："指令和监视是教育吗？不是！教育如果这么简单，每个家长都可称心如愿，世界上就不会再有恨铁不成钢的悲叹了……而就人的天性来说，没有人喜欢自己眼前整天矗立着一个权威。所有对权威的服从都伴随着压抑和不快，都会形成内心的冲突——孩子当然

不会对这个问题有这么清楚的认识，他（她）只是会当时感觉不舒服……"
我们是孩子的朋友，应该在良好的家庭氛围中，陪伴孩子一起养成好习惯！
亲爱的家长朋友，希望我的一点儿小体会能对您有所启发哦！

怎样培养孩子不懂就问的习惯?

 案 例

小成是个性格内向的孩子。这一天妈妈像往常一样接孩子回家。他在回家的路上一言不发,妈妈再三追问在学校发生了什么事,小成流下了委屈的眼泪。原来小成因为没看懂黑板上的作业要求而又不敢问老师,因此,作业写得不符合要求被批评了。小成有了不懂的事情却不爱问老师,这让小成妈妈很苦恼。

孩子生来都是有着很强的好奇心的,因此在养育孩子的过程中家长们会发现孩子在幼儿阶段和小学低年级阶段特别喜欢问家长和老师问题。只要是他不懂的或者他感兴趣的都会积极提问。但是随着孩子年龄的增长,孩子的提问变少了。并不是他们什么都懂了,而是很多孩子不愿意提问了。这是为什么呢? 大致有这样几种原因:

一是孩子本来就内向害羞,不好意思提问。

二是孩子惧怕老师,不敢提问。

三是孩子处于叛逆期,不屑向老师提问。

这三种情况的出现有一个共同的特点,就是孩子跟老师的关系并不密切,孩子要么在老师面前过于紧张,要么不了解不尊重老师。那么家长们应该怎样引导孩子做出改变,养成不懂就问的习惯呢? 可以尝试按以下步

骤做。

第一步：对于内向害羞的孩子，要先锻炼孩子的胆量。抓住一切机会锻炼孩子的胆量。如，在外旅游时让孩子自己询问旅游路线，在家时给孩子独立外出帮家长买油盐酱醋的机会，假期让孩子自己打电话邀请同学、朋友到家中聚会等。然后鼓励和肯定孩子的大胆表现，及时表扬孩子的表现，巩固成果。

第二步：以下三种情况都能拉近孩子和老师之间的关系。

一、家长提前跟学校老师沟通好，不经意地让孩子给学校的老师传话。如，"你问问老师什么时候进行亲子阅读的活动？我们可以提前做准备。"二、可以根据孩子对老师的态度，增加或减少传话的频率。三、对于叛逆的孩子则要家长多了解老师的一些情况，在家中像是无意聊天一样，让孩子了解老师的为人、治学和对他的关心，提升老师在孩子心中的威信。

第三步：增强孩子对老师的信任和喜爱。老师配合家长，在学校里根据孩子的个性给孩子安排一些力所能及的小任务。每当孩子完成某个任务后老师一定要给予表扬，增强孩子的自信，也让孩子更加喜欢和信任老师。对于叛逆的孩子，可能需要家长跟老师更多地了解孩子态度的变化，他们需要更长的时间，经历更多的事情，才可以对老师更加喜爱和信任。

第四步：家长有意识地提醒孩子遇到不懂的问题一定向老师提问，并在一段时间内每天了解孩子在这方面的情况。及时与老师沟通，让老师能在孩子遇到问题向老师提问时，在全班同学面前肯定和表扬他的这种学习习惯。

有句格言曾说："不懂就问一时差，不懂不问一生耻。"这样良好的学习习惯会让孩子一生受益。当然，随着孩子知识和能力的增长，孩子独立思考和解决问题的能力会随之增强，家长们不必为孩子不爱提问过于担心。

孩子太顽皮怎么办?

案 例

星期六,明明家里来了客人,爷爷奶奶陪客人说话,明明兴奋地跑进跑出,一会儿在沙发上跳来跳去,一会儿把玩具扔得满地都是,闹得大人没法谈话。妈妈忙着做饭,顾不上他,爸爸制止他,他也不听,爸爸觉得很没面子,几次都想动手打他。

太过顽皮、不听话的孩子往往是家庭骄纵的结果。多年的教育经验告诉我们,这样的孩子大多生活在一个家庭成员较多的家庭,爷爷奶奶、姥姥姥爷和爸爸妈妈对孩子的要求不一致,妈妈不同意做的事,或许奶奶允许做。孩子常常会弄不清自己行为的对与错,这样的孩子常常缺乏规则意识。上学后,由于太过顽皮,时时处处以自我为中心,在集体生活中会不受欢迎。孩子出现这样的状况,家长一定很着急,建议您不妨这样做。

自己的孩子尽量自己带,如果做不到,全家人要在孩子问题上保持一致的培育理念。再小的孩子也需要立规矩,没有规矩不成方圆。我们一定要告诉孩子吃饭要坐住,有始有终,教给孩子如何对待家里来的客人,平日里如何与小朋友玩耍,等等。对孩子生活中的细节,要有针对性地提出合情合理的要求,并坚持要求孩子这样做。家长不妨带孩子到同龄的小朋友家串串门。当然,我们可以有目的地选择一位行为规范良好的孩子家,以同龄小朋友的优秀表现给孩子树立榜样。其实，每个孩子心中都有要做一个好孩子的愿望。当我们来到小朋友家，可以当着孩子的面说："看，小姐姐给我们端水果来了。"当大人谈话、小朋友们在一旁安静地玩玩具时，我们可以适时给孩子伸出大拇指。对于朋友孩子好的表现，我们切记不要过分夸奖，以免引起孩子的嫉妒心。您只需这样和孩子交流："你注意了吗？刚才，小姐姐为我们开门时脸上是笑着的。""你看，小姐姐把她最喜爱的玩具都拿出来给你玩儿了。"让孩子知道在客人来访时，我们该怎么做就可以了。这是一种无痕教育，是对孩子进行的一种潜移默化的影响，用我们最直接的评价来强化孩子的良好行为习惯。回到家里，我们还可以跟孩子聊聊今天在朋友家的经历，让孩子说说小朋友的表现怎么样，相信孩子此时一定已经认识到了什么样的行为才是受欢迎的。对于孩子的某一次顽皮，我们可以进行录像，过后放给孩子看。对于自己正在进行的某些不良行为，有时孩子们是不以为然的，但当回看时，那些影像一定会让孩子认识到自己的错误，此时，家长无须更多地说教，相信孩子一定可以醒悟。

当然，在给孩子立规矩的同时也要把握好度，千万不要把孩子管死了而使他失去了的宝贵的童真，要让孩子张弛有度，有节制而不失活泼地自然生长，从而让孩子拥有一个最快乐美好的童年。

如何培养孩子健康、阳光的性格？

案 例

在小区电梯里，我曾遇到这样两对母子：第一个孩子躲在电梯的角落里，不时用眼睛偷偷地瞟我，他的妈妈也一脸严肃，一边整理着孩子的衣服，一边数落着他："把帽子戴好了，想冻死吗？"此时，另一位妈妈拉着孩子的手走进电梯，孩子很有礼貌地主动和我打招呼，妈妈见到我也很热情地和我攀谈……

不同的家庭培养出了性格截然不同的两个孩子，相信您也希望自己的宝贝能像第二个孩子那样活泼健康吧，怎样让孩子变得阳光开朗呢？

第一，我们家长必须拥有阳光健康的心理。孩子是家长的镜子，要想让孩子做到，家长自己要先做到。如您在堵车时，告诉孩子大家都不容易，要相互理解，并在车里放上一首轻音乐，享受和孩子在一起的时光，您的孩子也会变得更加宽容豁达。相反，如果您每天回家抱怨工作太烦，某人太坏，您孩子积累的词汇量和口头语也将会是这些负能量的。因此，我们需要跟孩子多说积极的话："我们在一起真高兴，不是吗？""我们真是太幸运了！""不要难过，下次我们会做得更好。"

第二，尽量营造民主、平等的家庭气氛。我们可以鼓励孩子参与家庭决策，家中购买东西、办什么事也有意识地让他说说自己的意见或看法，提出合理化的建议。例如：买洗衣机时可以带孩子一起选购，他能针对哪种品牌说出个子丑寅卯，我们就采纳他的意见。另外，家长对别人、对孩子要做到礼貌待人。如让孩子为你做一件事时，不要用命令的口吻，应说："请你……"做完了要说："谢谢你。"或可说："你帮了我的大忙，谢谢你了。"

第三，批评孩子时对事不对人。孩子如果犯了错，批评也要就事论事。比如，孩子弄坏了家里的电器，您可以这样说："你看，如果你去玩你没权利玩的东西，就会发生这样糟糕的事。"如果说成："你太坏了，你怎么能弄坏家里电器呢？你成心不让这个家好了是不是！"相信孩子很难接受。原因在于第一句明确告诉了孩子，他的错误在于他"动了不该动的东西"，并没否定孩子的人品。第二句话则为孩子定了性，打击了他做好孩子的信心。

第四，多强调孩子的所得，让孩子懂得感恩。强化孩子的认识：我拥有很多，我现有的东西很珍贵。亲人对他的好，不是应该的。对没有血缘关系的人给予的帮助，更应该心存感激。

第五，鼓励孩子参加运动。多让孩子亲近自然，开阔胸襟。在体育运动中为孩子解压，培养孩子的阳光心态。

当孩子大度、宽容、懂得团队合作和分享的时候，及时给予肯定、鼓励甚至奖励，孩子的这种行为就会得到强化，而一个个小行为积累起来就是习惯。我们经常提到一句话："父母是孩子的第一任教师，家庭是孩子的第一所学校。"孩子的成长环境不仅决定了孩子的行为，更决定了孩子的心态，而这些好的教育理念主要来自我们父母身上的阳光和正能量。

孩子反复涂抹，字写得不好怎么办？

文文刚上一年级，家里常常出现这样的情景："妈妈，妈妈，这个字我总是写不好，怎么办啊？""文文，看好了再写，别再擦了，都九点了，再擦本子都要破了。""不行，写不好，哇……"文文家传来"哇哇"的哭声。妈妈看着孩子歪歪扭扭的字像小虫子爬一样，新发的作业本也已经千疮百孔了，不禁愁眉紧锁。

孩子进入小学，就开始正规地学习书写汉字了。其实孩子刚入学，字写不好是非常正常的现象。一些孩子上进心强，于是写完擦，擦完写，简单的几个字需要写一晚上。这样刚开始学习写字就养成了反复涂抹的不良习惯。基于孩子的生理特点，6岁的孩子小手肌肉群发育不完善，手指的配合协调能力有限。尤其学前有的孩子很少玩能锻炼手指协调力的玩具或游戏，所以我们对一年级学生汉字书写的要求是：先写对，再写好，并不急于要求孩子把字写得漂亮。只要坚持循序渐进地练习，慢慢就会提高汉字书写的质量。《义务教育语文课程标准》中1～2年级"识字和写字"明确强调"努力养成良好的写字习惯，写字姿势正确，书写规范、端正、整洁"。当然，也有一些小窍门可以帮助孩子写好字。

第一，创造良好的写字环境。写字前，家长要和孩子一起把桌面上与

学习无关的物品收拾好，保持桌面整洁，为孩子写字创造一个安心的环境。

第二，保持正确的写字姿势和执笔方法。如果写字执笔不正确、坐姿不端正，不仅会影响孩子的写字速度，将来还会影响孩子的视力。正确的坐姿是：把椅子和桌子的距离调整到刚好能让孩子站起来为佳，孩子要坐在椅子的前二分之一处，两脚平放在地，稍分开，上身坐直，两肩相平。执笔时，要用拇指和食指握在离笔尖一寸或半寸处，我们常说执笔一寸，但是因为有的孩子手小，握在一寸处不好控制力度，中指在笔下面起支撑作用。家长一定要协助老师教会和巩固孩子正确的坐姿要领和执笔方法。可以用《写字歌》帮助孩子养成正确的书写习惯。写字要做到——头正、背直、脚放平，眼离本一尺，手执笔一寸，胸离桌一拳，端端正正把字写。

第三，学会规范书写笔画。俗话说："万丈高楼平地起。"写字，则要从练习写笔画开始。汉字是由诸多笔画组成的，写不好笔画，汉字就写不好，笔画不规范，汉字就不规范。可以用《笔画歌》帮助孩子记住常用笔画的特点。横要平，竖要直，撇要用力撇出尖，捺要由轻到重捺出脚，钩前要顿笔，弯要弯得圆，折要出角，点要由轻到重像水滴。

第四，学会观察范字。"心中有字再落笔"是非常重要的书写心境。要有此心境必须学会观察范字。田字格是帮助孩子把汉字笔画结构化的。由于孩子年龄小，对于汉字在田字格中的位置及结构很难观察仔细，这就需要大人细心指导。在写字前可以先带着孩子观察田字格里的汉字，找准关键笔画在田字格中的位置，如：哪笔在横中线，哪笔在竖中线。找准位置后，孩子仿照例字先写一个。

第五，做游戏练手指的控制能力。有的孩子小手控制力不从心，笔杆不听使唤，执笔僵硬，书写速度慢不说，字也写得歪七扭八。有生理问题、感觉失调的孩子眼、手、脑的配合很吃力。我就遇到过这样的孩子，对于已经错过幼儿期通过玩玩具锻炼手指时机的孩子，我们推荐下面两个小游戏：

游戏一，可以练习执笔走方格，笔尖必须沿着方格的线移动，尽量准而稳。开始走九宫方格，熟练后再用十二宫方格练习。

游戏二，走迷宫。由于迷宫七拐八弯，可以练习孩子运笔的能力。有的笔画孩子写不好就是因为运笔的问题。在孩子写字问题上我们一定不要急于求成，因为一个好习惯的养成至少需要 21 天。作为起步阶段的学习，一定要对孩子充满耐心，给予孩子及时、适当的鼓励和表扬，帮助孩子树立自信心，持之以恒，让孩子在快乐中养成好习惯，为将来的学习打下坚实的基础。

孩子撒谎怎么办？

案 例

"叮铃"一条短信映入眼帘：老师，您好！今天坤坤带回一张附小币，说是因为他站队好，您奖励他的，感谢您对孩子的鼓励！——坤坤妈妈。看完短信我的心里"咯噔"一下，今天在学校里我并没发现坤坤站队比平常好，更没有因此而奖励他附小币。我想：孩子为什么对家长撒谎？他的附小币又是从何而来的呢？

我喜欢这样一句话："良好的品行，胜过卓越的才智。"在每一个孩子的心目中，能赢得家长的认可与赞扬便是他们成功的标志。有的孩子会采取积极的态度：检测时一份优秀的答卷、"家长开放日"中一次精彩的发言、天天为你们的小家扫地……而那些特别"聪明"的孩子则会采取投机取巧的方式：杜撰丰功、臆想成绩……骗取家长的称赞。假如发现自己的孩子有这样的问题，不必惊慌，不妨试着按下面步骤做。

第一步：洞察一切，知他

当从老师那里知道孩子所说的表扬子虚乌有，而附小币的获得更是一桩疑案时，无论多么恼火，都不要马上去呵斥他，因为孩子犯错误的原因多种多样，他可能只是想取悦你，进而满足一下自己的虚荣心……可以先假装没有和老师取得过联系，告诉孩子你准备马上联系老师，和老师分享

你此时的愉悦心情。我想，孩子听了你的话一定会大惊失色、慌忙阻止，因这份表扬本就是他杜撰出来"见不得光"的。此时一定要追问为什么。如果孩子亲口说出他在校园里捡到了一张附小币，从而想到自己好久没有被表扬过，因而用它编织一个美丽的谎言。一定要对孩子能承认错误表示赞许，并告诫他谎言只能得到一时的辉煌，而失去的是别人永久的信任，并告诉他用一个谎言去遮盖另一个谎言会产生的恶果。

第二步：以身作则，帮他

俗话说：家长的行为是孩子的一面镜子。不要渴望用一次的言传便使孩子完全走上正途。要想培养出言行一致的孩子，首先就要做到言行一致。答应孩子的事情，无论遇到多大的阻碍也要给孩子兑现；如果某件事情做错了，千万不要给自己找借口，要真诚地向孩子认错。相信当孩子看到家长处处以身作则、身正行端，他便会在耳濡目染中走上"正轨"，从而获得克服缺点的勇气和决心。

第三步：防微杜渐，懂他

我们学校有一句话：好孩子不是不犯错误，而是不犯同样的错误。孩子的心是很敏感的，一定不要因孩子一次犯错便揪住不放或总是对他的话表示怀疑，当孩子有进步时，要及时表扬，用肯定的态度爱护和关心他，一个鼓励的眼神或一次简单的信任要胜过一堆喋喋不休的指责或过分的物质奖励。正如世界上没有两片相同的树叶，孩子也是如此。若父母拥有一个爱表现的孩子，那将是父母一笔特殊的财富，今日用心雕琢，明日这便会是一块无价的美玉。

古人云：人非圣贤，孰能无过；知错能改，善莫大焉。让我们人人拥有一双慧眼，走进孩子的心灵去发现问题、解决问题。用爱心与耐心帮助孩子，让他与良好的品行相伴，且行且进步！

如何培养孩子持之以恒的品质？

案　例

"烦死了，为什么总是练不好，我不想学二胡了！""砰！"随着二胡落地的声音，我和女儿的心情坏到了极点。两年前，我带着女儿去朋友家玩儿，正巧碰到朋友家的女儿在演奏二胡名曲《赛马》，那万马奔腾的壮观场景，被如歌如诉的二胡名曲表现得让人如临其境，当时女儿就迷上了二胡。回到家里，女儿明确向我表示一定要学习拉二胡，要亲自将这首《赛马》演奏出来。我深知学习乐器是需要持之以恒的精神的，当我把这个顾虑讲给女儿听时，她斩钉截铁地说："妈妈，您放心吧，我一定不会半途而废的。"于是，我给她购买了二胡，请了专业老师，风里来雨里去，坚持不懈地每周陪女儿学二胡练二胡。但是她今天的表现和表情却写满了"放弃"两个字……

孩子起初想学习二胡我特别高兴，也特别支持。但是听曲容易学曲难，在枯燥的练习中孩子难以做到持之以恒，这让我很是苦恼，怎样才能使孩子坚持下去呢？假如您也有这些困惑，不妨试着按如下步骤做。

第一步：平心静气找原因

我放下心中的怒气和女儿平心静气地聊起了天，从而我也了解了这个小"琴童"的苦恼：女儿现在练习的正是二胡四级考试曲目《赛马》，曲

子的前半部分是常规弓法，她练起来得心应手，而后半部分为了表现万马奔腾的效果，需要用手指拨弦，这对于孩子来说太难掌握节奏，力度也无法做到恰到好处，老师因此批评了她多次。这诸多因素一下子扑灭了女儿的学习热情，她因此萌发了不想学习二胡的念头。听着女儿娓娓道来，我陷入了沉思。

第二步：鼓励陪伴燃希望

孩子学习乐器是否能够坚持，关键是做父母的是否能够坚持。女儿可能不会成为著名音乐家，但那份能坚持的意志品质不能丢！于是我静静地打开录音机，把二胡名家于红梅演奏的《赛马》播放给女儿听，我发现当她听到乐曲中那段气势磅礴的拨弦段落时，眼中流露出飞扬的神采，小手也下意识地和着节拍做着弹拨的动作。我趁机告诉她："妈妈知道这段拨弦的确很难，当年于红梅老师在练习时把手拨出了茧子，拨断了五根琴弦，才有今天的完美演奏。咱们面前的这点儿困难算什么？"女儿听完我的一席话，惭愧地低下了头。她含着眼泪说："妈妈，我也想拉出于老师这样的琴声，您能陪我练习吗？"我欣然同意，于是我手里打着节拍，嘴里哼着乐谱，和孩子一起把拨弦的十几个小节一遍一遍地练习……时间在悄悄地流逝，女儿拉得越来越好，而我也不吝于赞美，不时向她竖起大拇指，一句句夸赞使女儿重拾自信。

自信是坚持做一件事的必备条件。女儿越练越兴奋，激动地说道："妈妈，其实这拨弦也不像想象中那么难啊。""是啊，熟能生巧嘛！我们明天还练二胡吗？"女儿立即应道："当然练了，您听我拉的《赛马》多好听呀。"

当坚持变成一种习惯，梦想便会越来越近！让我们用自己的持之以恒，来赢得孩子的不轻言放弃吧！

孩子相信老师不相信家长怎么办?

案 例

　　李女士的儿子今年二年级,作为母亲她很关注儿子的学习,不定期地会翻看翻看儿子的练习本,针对里面的错题给出一些意见和建议,但令她苦恼的是,每次儿子都特别不领情,还气呼呼地说:"我们老师说了,就是这样做,妈妈你说的方法不对!"张女士的女儿今年五年级,她也有着类似的经历,张女士常常抱怨:女儿动不动就拿老师的话来搪塞自己,似乎老师的话是圣旨,对父母的教导却总是抵触。

　　的确这样,有些孩子相信老师不相信家长,尤其是在低年级这种情况更为突出。如果您家中就有这么个孩子,真的不用懊恼,相反您应该感到庆幸:一个孩子对老师有多信任就意味着老师的威望在他(她)心目中有多高,随之而来的就是老师对他(她)的引导与教育的有效性就有多高。正所谓亲其师信其道。如若一个孩子不把老师放在眼里、不相信老师,想必家长会更着急。要在孩子心中建立教师的威信,让孩子尊重老师,相信老师,热爱老师,这是孩子接受学校教育最基本的前提。相信老师的同时,却不相信家长,听不进家长的教导,这的确让做父母的心理上很难平衡,情感上也很难接受。其实,冷静下来分析,孩子不相信父母的原因可能有很多,比如孩子怕父母施加更多学习上的压力,或者孩子大了产生逆反心

理，不愿家长过度关注自己，等等。其实，种种原因背后都是家长和孩子之间彼此信任和坦诚相对的关系有待继续建立。

那么，作为家长，如何让自己的孩子与自己坦诚相待呢？就上面李女士的案例来说，您千万不要急于在孩子面前树立自己的威信，尤其注意不要以牺牲老师在孩子心目中的地位来建立自己的威望，信任比威信更重要。下次不妨这样诚恳地对孩子说："你们老师讲得真好！你能给妈妈也讲讲这道题吗？让妈妈也学习学习吧！"此时作为一个二年级的孩子，那位小男孩儿一定特别乐意向大人"显摆"，这样既了解了孩子对知识的理解程度，同时还训练了孩子的思维与表达，最关键的是孩子不再把妈妈作为对立面去抵触。所以说，智慧的妈妈应该陪着孩子一起"信奉"他的老师，在这种共同的"偶像崇拜"心理驱使下，孩子会越来越接纳"我和妈妈是一伙儿"的这种心理暗示，不用太久，孩子一定会自己主动推倒与家长之间那道无形的墙，建立信任的桥梁。

总之，在孩子成长过程中，相信老师很重要，相信家长也很重要，但最重要的是家长与老师建立密切合作的统一战线，共同成就孩子美好的未来！

孩子在学校和在家里表现不一样怎么办？

案 例

场景1：小妞在家里很是任性，有时像小男孩儿一样淘气，可是在学校里面却很懂事，是老师们心中标准的"好学生"。

场景2：只要大龙在家犯错误，父亲就是一顿"管教"，孩子在家唯命是从。可是到了学校，大龙却很是调皮，上课说说笑笑，下课打打闹闹，不守规则。

上面两位家长都反映了孩子在家和在学校表现不一致的问题。其实，造成这两种情况的原因是同一个：孩子的家庭教育尺度出现了偏差。如果家庭教育的尺度过于宽松，达到了溺爱的程度，孩子就容易出现上面案例中小妞的状况。反之，如果家庭教育过于严格，孩子在家里得不到放松，需要到学校里去释放自己的能量和情绪，则会造成上面案例中大龙的情况。我们都知道，学校环境和家庭环境是两种不同的育人环境。学校教育有明显的系统性、有明确的规则性，对于孩子来说，约束性强一些。我们家庭环境是由家庭成员相互约定而成，对孩子的教育随意性比较大。作为家长，我们遇到这两种情况该怎么办呢？以下这些建议，不妨试一试。

首先，我们应改变自己的教育方式，与孩子建立平等的关系。努力做到不溺爱孩子，不要在不知不觉中让孩子成为我们家庭的核心。但我们也

不要采取权威式的教育，而是多尊重孩子的意见和想法，给孩子话语权，制定家庭行为规范。作为家长，在家里我们要与孩子共同制定出家庭行为规范，让孩子明白在家里什么事情应该做，什么事情不应该做。家规一旦制定好，我们就要和孩子一起坚决执行，不能因为孩子哭闹就心软。当然，我们家长也应带头遵守家规。另外，为了让孩子在家里身心得到放松，要注意多表扬、多鼓励。及时与老师进行有效沟通，在与老师交流沟通中，我们应采取积极主动的态度，不仅要了解孩子的学习情况，更要了解孩子在学校的思想、言行和人际关系等。如果发现孩子在校跟在家表现截然相反，就应立即与老师配合，努力探寻其中的原因，积极地帮助孩子调整状态，使孩子在家在校的表现做到尽量一致。

说到这里，我很想给广大家长朋友讲一个发生在我身上的例子，希望能够给您一点帮助。我的父亲是名军人，从小对我的要求极严，稍有问题就会被狠狠地训一顿。闹得后来我见到他就躲开，不敢靠近。记得是我10岁那年，我在鼓捣自己做的一辆冰车，费半天劲儿都没有把一根冰刀固定好。这时候我的父亲过来了，这要是平时，他看到我把院子弄得如此凌乱，一定是一顿批评。所以我很惶恐地将地面的东西收拾起来。可是没想到，他什么都没有说，只是默默地蹲到了我身旁，认真地看了看要装的东西，然后告诉了我应该怎么做。当我照着他说的去做的时候，他也只是坐在我的身边，不时地指点一下。按照父亲说的，我做出了一辆漂亮的冰车。从那之后，我不再害怕他，也愿意遇到问题去找父亲寻求帮助了。长大了才发现，父亲是在和我的老师认真地谈了一次话后，知道我曾经对老师说"爸爸对我要求特别严厉，我很怕他，平时都躲着他"时才有了这样的改变。感谢父亲，他没有忽然改变得那么直白、表面，而是静静地走近我，让我感受到了他的温暖，而这温暖，让我不再有恐惧。

其次，培养孩子适应集体生活的能力也很关键。学校是一个集体环境，与孩子生活的家庭环境有很大区别。所以在日常生活中，我们可以给孩子创造参加集体活动的机会，让孩子有更多机会与同龄人交往，学会遵守集体规则。表现源自尺度，各位家长，只要我们把握好面对孩子的尺度，我们的孩子一定会成为一个家里家外都受欢迎的好孩子！

孩子回家告状怎么办?

案 例

一天晚上,手机铃声响起,是小刘的家长打来的电话,她很焦急:"老师,您上咱们班的班级群看看吧,小周的家长和小王的家长起冲突了……"打开班级群,果然,因为班车上的一件小事,小周回家向妈妈告状,致使现在两位家长已经由最初文字的交流转为直接的语音"交锋"。

这两年教低年级,这样的情况时常遇到,孩子在校学习一天,回到家里的情绪与表现时刻揪扯着家长的心,可是生活在一个群体当中,同学之间偶有矛盾是十分正常的事情,但身为家长,是多么担心孩子受到委屈呀!于是孩子回家一告状,特别是声泪俱下时,家长的忧虑甚至愤怒可想而知,不仅有说出"他打你你就打他"的家长,甚至还出现案例中提到的家长直接"冲锋陷阵"去"兴师问罪"的情况。当然,这些做法我们认为都是不可取的。作为家长,不要孩子回家一告状、一哭一闹,就觉得自己的孩子一定吃了亏、受了委屈,急于给对方家长打电话,这表面看是在维护孩子,实则是在耽误孩子。

一旦孩子回家告状,请要先理智、冷静地听孩子将事情陈述完,不要带着主观情绪打断、询问,更不可大惊小怪,弄得孩子不得不去"演绎"发生的事情。我们更不能埋怨自己的孩子,说"你怎么那么没用,就知道哭""你没长手，不知道还手"之类的气话，使孩子不知所措。如果对孩子的陈述有疑问，可以背着孩子给老师打个电话核实一下，如果与孩子说的一致，我们一定要大力表扬他是个诚实的孩子！这种做法也会让孩子明白，不论发生什么，实事求是才有利于解决问题。

其次，我们要引导孩子说出自己在整个事件中的表现、该承担的责任，可以问问孩子：宝贝儿，这个事情中，我们有什么不对的地方吗？让孩子先从自己身上找原因，学会反思、学会认错、学会担当，这样孩子便不会养成一遇到事情就推卸责任的坏毛病。如果这个事情我们的孩子真的非常无辜，也不要激动，鼓励孩子自己将事情告诉老师，寻求老师的帮助，特别是男孩子。我相信如果这样，孩子到了高年级再遇到这样的事情，他一定不会只知道回家告状，他会先从自己身上找原因，然后自己去面对和解决。

在日常相处中，有时我们也会因为完成作业、上课外班或者玩游戏等和孩子发生一些摩擦或矛盾，作为家长，在与孩子沟通时，我们不妨先从自己身上找原因，主动对孩子说："宝贝儿，这件事我哪里哪里做得不对……"家长这样做，就是最好的榜样啊！

我们还可以讲给孩子朋友的重要性，引导他想办法去修复与同学的关系，比如，不管谁错在先，我们可以先主动打电话向对方道个歉；可以找机会将小伙伴约出来一起搞个活动，在游戏中增进了解和友情。孩子回家告状后，一定要告诉孩子先从自身找原因，告诫孩子现在推卸责任将对他的一生有影响："这事怪我吗？"这种人常常被团队淘汰。要让孩子记住：勇于承担责任意味着成长。

孩子占有欲强，不会分享怎么办？

 案 例

明明家来了小客人，妈妈让他把玩具、零食分享给小朋友，可他噘着嘴说："不行，这都是我的，为什么要给他？"妈妈说："你是小主人，应该有礼貌，学会照顾小客人呀！"明明一听，紧紧抱着玩具大哭起来："不行，就不行！"大人们面面相觑，明明的妈妈感到特别尴尬。

如果您遇到这种情况，不妨试着分以下几步去引导。

第一步：练习分享，培养孩子分享的习惯

引导孩子学会分享，家长朋友可以言传身教做榜样。我跟大家说一个发生在我自己身上的真实例子。从小，我们就和奶奶住在一起，从我记事起，爸爸在给我们削水果时，总是让我们把第一块水果先给奶奶，看似不经意的一个举动，我们全家坚持了三十多年，直到奶奶去世。这件事对我的触动特别大，不但让我懂得了分享，还知道了对长辈一定要尊重、孝顺，体会到乐于分享、关心他人是一件令人愉快的事情。如果想让自己的孩子学会分享，在孩子未完全形成自己独立思考能力的时候，就要培养他这种习惯，一个苹果削好了以后，一定要让他给奶奶送一半，给爷爷送一半，长期坚持，分享就会成为孩子的一种习惯。

如果在孩子小的时候没有有意识地训练他的这种习惯，就会影响孩子分享的主动性。比如，孩子高兴地举着好吃的："妈妈，给您吃！"而妈妈总是很心疼地拒绝："不吃，不吃，宝贝儿吃吧，妈妈不吃。"拒绝了几次以后，孩子今后就不会这样做了。为了培养孩子的习惯，家长不妨高兴地接受孩子的分享，并发自内心地夸夸孩子。即使孩子有了分享的习惯，在家里来客人之前也应该先告诉孩子，有小朋友要到我们家来玩，让孩子有一个心理准备。也可以练习和孩子分享，借此了解哪些东西是他比较珍视的，哪些东西可以拿来分享。孩子只有先弄清楚自己有什么，需要什么，才有力量帮助别人。

第二步：通过做游戏，引导孩子交换玩具，体验分享的快乐

孩子们都喜欢玩具，可以引导孩子利用玩具做游戏，游戏结束，可以提出要求：把玩具给另一个小朋友玩一玩，或者互相交换玩具，让他觉得这种分享是公平合理的。当他拿到别的小朋友的玩具时，自己也会特别开心。用这种轮流玩的方式分享，一定要鼓励主动轮流玩的孩子，夸他大方。而接受玩具的孩子要跟对方说：谢谢你跟我分享。在反复鼓励下，孩子会慢慢成长，当他觉得自己被满足之后，就会慢慢学会如何真诚地与他人分享。

第三步：讲述故事，强化好的行为

孩子们都爱听童话故事，也可以给孩子讲一讲王尔德的童话《巨人的花园》。文中的巨人因为不懂得分享，失去了朋友，变得格外孤单，花园也变得荒凉。当他醒悟过来，让孩子们共享他的花园时，花园里顿时变得春意盎然，生机勃勃，充满了欢声笑语。讲完了故事，请告诉孩子：美好的东西要与别人分享，这样你会更快乐！

第四步：真诚付出，不求回报。

当孩子不肯分享玩具时，千万不要对孩子说："你把这个玩具给小朋友玩，他就会把他的玩具给你玩！"这样下去，孩子会把分享当成一种游戏玩，长大了会觉得，分享东西是为了要求回报，不会真诚地发展一种关

心他人的情怀。古人曾说过"不望报"原则，所以一定要引导孩子不要为了某个目的而分享，要学会真诚分享。

第五步：学会拒绝，勇敢说"不"

生活中，我们常常会遇到这样的情况：孩子正在楼下骑自行车，另一个孩子走来，非常霸道地说："我要骑，我要骑你的车！"说着，一定要从他的手中把自行车夺过来，自己骑。在这种情况下，孩子要坚持不分享，要勇敢地说："不！"不要盲目地跟谁都分享。当然，如果有时候孩子实在不愿意分享他自己特别在乎的东西，我们先要认同孩子的心理，同时引导孩子体会别人的感受与情绪，激发同情心。孩子学会分享的发展历程是"推己及人"的过程，自己的拥有必须先获得满足，所以如果用强迫的方式要求孩子分享，反而会让他的占有欲更加强烈，影响日后的人格发展。当孩子不懂得分享时，我们可以看作是孩子学习新知识的信号与机会，如果能把握住这些契机，让孩子有合理的需求，能平衡自己和别人的需要，能公平对待他人及有关爱的情怀，那么，孩子在未来一定会更具竞争力，生活也会更幸福。

孩子放学回家总看电视怎么办?

 **案 例**

妈妈刚刚把儿子接回家,儿子把书包一摔,进门就去开电视,一屁股坐下就开始看动画片。一会儿《熊出没》,一会儿《喜羊羊与灰太狼》,总之不让电视休息一分钟。妈妈一边择菜一边大声喊着:"先把鞋换了,然后洗洗手,把电视关上,写作业……"没动静,妈妈又喊上了:"听见没有?关上电视!写作业!"儿子见妈妈急了,嘴上答应着:"马上关,马上关!"可眼睛却依然被电视牢牢地吸引着。于是一场战争爆发了……

孩子爱看电视这是很正常的一件事,但是没有节制地看电视不仅影响孩子的视力健康,更关系到孩子好习惯的养成和自我控制力的培养。如果长此以往,家长不能及时纠正,孩子以后势必会做事拖拉、磨蹭、缺乏自控力,这对孩子将来的工作和生活都会带来负面影响。但不让孩子看电视,孩子跟小朋友之间就缺少了交流共同话题的乐趣。那么避免每天家中出现"大呼小叫"这一幕的秘诀是什么呢?不妨试着按下面步骤做。

第一步:制定合约

在孩子小学一年级开学之前就开始跟孩子一起"约法三章",制定可执行的家规。比如:每周一至周五不可以随便开电视、玩游戏,回家先完成作业或复习,如果离上床睡觉的时间还远,可以看 20 分钟。因为动画

片就像玩具一样，是孩子童年必不可少的内容，如果一点儿不允许孩子接触，孩子会慢慢在小伙伴中失去"发言权"，和小朋友之间没有了共同语言，这也是不行的。不过不要忘记和孩子一起制定"合约"哟！这样孩子会感觉到您对他的尊重，他又参与了"合约"的制定，因此他一定不好意思轻易去破坏这份"合约"，对孩子自控力的培养也有一定的好处。

第二步：我们可以和孩子一起看电视，共享电视时光

这样可以在孩子看电视时加以引导，挑选适合孩子的内容和节目，还可以管理看电视时间，保护孩子的视力，又可以在看完电视后跟孩子一起交流沟通，培养孩子的口语表达能力和想象能力，同时加强了亲子沟通，使亲子间的关系更加融洽。

第三步：丰富孩子的课余生活，培养孩子良好的兴趣爱好

课余生活可以多种多样，丰富多彩。比如过家家、打扑克、下棋、钻研地图、缝扣子、搭积木、看书、讲故事、骑自行车、游泳等。丰富的课余生活时间占据了看电视时间，孩子的生活是丰富的、内心是充实的，自然也就不会强烈地要求看电视了。培养孩子的兴趣爱好也是解决这个问题的好办法。孩子如果有了自己特别喜欢做的事，比如踢足球、画画、看书等，他自然就会远离电视了。我跟大家分享一下我女儿的小故事吧，也许对您有帮助。我的女儿在喜欢上足球以后，每天回家吃完饭就特别积极主动地去写作业，不仅不用家长催，而且写作业的效率也更高了。当然，她的目的就是赶快下楼和小伙伴踢足球，自然也就没有看电视的需求和家长的痛苦啦！

孩子爱看电视这是很正常的事情，我们不用着急和抓狂，我们自己小的时候不是也常常这样吗？抱着理解、尊重的心理，用以上的小招试一试，也许就真的解决了您的烦恼呢！

孩子不愿意洗澡怎么办？

案 例

"又要洗澡，就不洗，烦死了！"又到洗澡的时间了，女儿就是不愿意洗澡。每到这个时候，就可能会爆发一场家庭战争，要么是冷战，要么是激战。尽管用尽浑身解数，连哄带骗，但最终还是有的时候洗了，有的时候就不洗。

我一直不能明白孩子不愿意洗澡的原因，直到一次聊天时我偶然问起，她才告诉我说："不愿意洗澡，是嫌洗澡太麻烦了。冬天即使家里很暖和，但脱衣服也冷，刚接触热水的一刹那也不舒服，洗完出来，浑身都湿湿的，没穿衣服感觉特别不好。有的时候玩累了，就懒得动不愿意洗。有的时候正在做自己喜欢的事情就更不想洗了。在晚上临睡觉之前洗澡会拖后睡觉的时间，刚洗完就睡觉，头发湿，很不舒服。"

女儿的这些想法是我在事后才知道的，如果当时耐心地与孩子沟通交流，明白孩子不愿意洗澡的原因，有针对性地引导，会更容易帮助孩子养成洗澡的好习惯。每个孩子内心都有一扇门，你只要找到进入孩子内心的那把钥匙和通道，奇迹就会发生。不妨试试下面的几种方法。

方法一：与孩子商量，规划洗澡时间

告诉孩子夏天天气炎热，出汗比较多，如果不洗澡的话很不卫生，会

得病，所以需要每天洗澡。其他季节隔天一次，冬天出汗较少的话，可减少到一周两次到三次。到洗澡的那天，提前跟孩子商量晚上的时间安排，在睡前一小时洗澡，洗完澡后，可以看书或做自己喜欢的事，等头发干了就可以睡觉了。

方法二：可以让除父母以外，孩子比较喜欢的家庭成员督促孩子洗澡

有一段时间，孩子的小姨与我们同住，小姨定时提醒孩子洗澡。有一次，小姨一个晚上连续提醒了孩子五六次，孩子躲到哪里就追到哪里。这几次不温不火的提醒使得孩子不好意思。最后熬不过小姨，只能乖乖地就范。

方法三：督促和逼迫并不是一种非常有效的办法，要学会让孩子主动洗澡

如果能让孩子从自己的主观意识上明白"不洗澡不是好习惯"，这对于孩子养成良好的卫生习惯会有很大帮助。我们可以让老师甚至同龄人善意地提醒孩子，身上有味道了，晚上该洗澡了，使孩子受到触动，因为这个年龄的孩子非常在意老师和同伴的看法，想被人爱，不想被人讨厌、孤立。这样孩子就会从心底改变对于洗澡的看法，如果再加以督促，就可以使孩子养成洗澡的好习惯。

培根曾经说过："习惯是一种顽强而巨大的力量，它可以主宰人的一生。"习惯的好坏在某些方面可以决定一件事的成功与失败，甚至可以改变人的命运。而大多数习惯又是在幼小时养成的并且会伴随孩子一生。所以，一个好的习惯是孩子一生的财富，会成为孩子走向成功、走向辉煌的阶梯。

孩子总爱问"为什么"怎么办?

案 例

孩子的好奇心很强,不停地追问"为什么"。妈妈给孩子读故事,孩子问:"为什么渔夫要把小金鱼放了啊?"妈妈带孩子去爬山,看到石缝中长出的小草,孩子问:"为什么石缝中也能长出小草啊?"妈妈给孩子买了一个恐龙玩具,孩子问:"为什么地球上现在没有恐龙了啊?"

孩子就是一本《十万个为什么》,遇到什么不明白的事儿都要问,都要刨根问底一直问下去。这是孩子最珍贵的好奇心,幼小的生命对大千世界充满了好奇、充满了幻想,他们眼中看到的、脑中想到的都是那么纯真,作为成人我们一定要保护好孩子的这份纯真、这种求知欲。那么当孩子问我们"为什么"时,我们到底该怎么做呢? 不妨试着参考以下几种方式。

第一步:简单问题,鼓励孩子自己找到答案

比如上面案例中提到的,亲子阅读时孩子总问"为什么",妈妈不用急着回答孩子的问题,可以引导孩子说:"答案就在故事中,你认真往下听,仔细琢磨,一会儿就会发现了。"当然孩子找到答案时,妈妈别忘给予孩子适当的肯定。

第二步:通过实践可以解决的问题,家长就陪孩子一起找到答案

比如上面提到的"为什么石缝中也能长出小草啊?"在给孩子讲了关

于植物生长的相关小知识后，不妨带着孩子一起种一盆豆子，和孩子一起浇水、观察，让孩子亲眼看到植物的生长过程，亲身感受到植物顽强的生命力，相信这比家长的讲解更容易让孩子明白，体会也一定更深刻。

第三步：如果孩子问的问题您也不知道，那么您可以教会孩子找到答案的方法

比如案例中关于"恐龙为什么现在没有了？"您可以带孩子去图书馆，一起查找关于恐龙方面的图书资料，通过这个过程让孩子知道，去图书馆、从书上可以找到答案。当然现在网络发达，还可以教孩子上网搜索想要查找的内容。如果孩子的问题很有价值、很值得研究，我们和孩子又一时没有找到答案，还可以让孩子将问题记录下来，利用学校的假期时间作为小课题来研究，通过调查、实验、分析等长时间的探索，帮助孩子找到答案，也许在这个过程中，一个小科学家就会诞生了！正像波斯诗人萨迪说的那样"没有求知欲的学生，就像没有翅膀的鸟儿"，孩子喜欢问"为什么"就是孩子好奇心、求知欲的强烈体现，我们的使命就是保护和保持孩子的这份好奇心和求知欲，这也将成为培养孩子想象力、创造力的源泉。

如何避免孩子在公共场合让家长尴尬?

案 例

小伟的爸爸儒雅，妈妈文静，夫妇俩都知书达理，小伟也聪明活泼。但是最近他的父母很是苦恼。一天，小伟的妈妈找到我，说最近在与朋友的一次聚会上，小伟表现得很没有规矩，大人问话，他故意答非所问，大声叫嚷，吃饭时踩在椅子上使劲儿转餐桌，弄得饮料洒了一地，让他们觉得特别丢面子。

听了小伟妈妈的话，我非常理解，作为家长，当我们把孩子带到亲朋好友面前，多么希望孩子"坐有坐相，站有站样"，举止得体，进退有度，让大家觉得自己对孩子的家教是成功的，这样我们才会感到倍有面子。

当孩子在公共场合和家长耍脾气，的确会让家长特别尴尬，那么如何才能避免这样的尴尬呢?我觉得抓住孩子人生中的"第一次"至关重要。例如，我的同事在她孩子小的时候就听别人说，带小孩子去商场总会弄得大人特别尴尬，孩子只要见到特别想要的东西家长不给买，孩子就大哭大闹，还往地上躺，这弄得大人不但尴尬还为难:不买吧，孩子闹得实在不像话，人来人往非常不好意思;买吧，长此以往，势必惯出坏毛病。听了前辈的介绍，我的这位同事就在她孩子还很小、第一次带去商场之前就对孩子说:"宝贝儿，今天妈妈带你去商场，商场里有好多好多你喜欢的东西，

而且咱们家里可能都没有，如果你特别特别想要一样东西，你悄悄和妈妈说，妈妈来判断，看这个东西你是不是真的需要，如果需要，妈妈就给你买，如果不需要或者长大以后才需要，妈妈就不会给你买。如果妈妈说不能买，你不能耍脾气，就算再怎么耍，妈妈也不会给你买。记住了吗？"孩子说："记住了。"于是妈妈带着孩子第一次走进商场，孩子真的没有让我的同事尴尬，而且孩子从小到大都没有在这个问题上让家长为难过。

同理，假如您第一次带孩子去欣赏一场音乐会，一定在去之前对孩子说："孩子，妈妈告诉你，音乐厅里有舞台，乐手就在舞台上演奏，周围还有许多的座位。演奏开始后，我们都要坐在座位上不能随便走动，不能大声说话，如果有人不这样做，你想想我们是不是都没办法好好欣赏音乐啦？我们只有在中场休息的时候才可以走动、交谈。"如果有了这样的温馨提示，我们做家长的就不用担心尴尬的场景出现了。

如果孩子已经养成了不好的习惯，错过了"第一次"，怎么办呢？一方面，请您重新找回"第一次"，我们不妨主动对孩子讲：这不怪你，因为你第一次做之前，妈妈没有告诉你第一次应该怎么做，这是妈妈的错，所以今天妈妈再重新告诉你一遍，让我们重新来过。另一方面，我们可以适当惩罚，如果提出的要求孩子没能做到，那么就明确告诉他，在改掉坏毛病之前，不能带他去，改掉以后才可以。此外，还可以考虑让孩子和行为习惯好的小伙伴结伴同行，让他看看小伙伴在公共场所是怎么做的，向人家学习。孩子年龄小，我们一定要及时教给孩子在公共场合应注意的礼仪，如果我们从这些细小处入手，每一个"第一次"都抓住，让孩子有"法"可依，家长就一定可以避免在公共场合因为孩子的不礼貌而产生不必要的尴尬，孩子也一定会成长为让您骄傲的小淑女、小绅士！

孩子要养宠物怎么办?

案 例

楼下,一个小孩儿围着自己的小狗又蹦又跳,玩得很开心。儿子看在眼里喜在心里,转头跟妈妈说:"妈妈,我也想要小狗,给我也买只小狗吧!"妈妈想到养一只狗的诸多不便后,眼睛一瞪说:"不养!太麻烦了!"孩子看着别人的小狗立刻眼泪汪汪了。

其实,养小宠物对于孩子来说有很多好处。比如,在照料小动物的过程中可以培养孩子的责任心、爱心,有利于孩子善良人格的养成,养小动物还可以使亲子关系更加融洽,通过养小动物可以增加孩子关于小动物方面的知识积累,还能为孩子的写作提供生动的素材。但家长朋友可能还会担心养宠物会有很多不便,那么我们到底该怎么办呢?不妨试着按如下步骤做。

第一步:对于养什么动物与孩子达成一致

妈妈要跟孩子一起分析养小狗我们是否真的能够坚持到它的生命终结,不可以一时兴起,中途弃养。比如,每天早上要很早起床下楼遛它,晚上也要出去遛,在时间上要有保障,每天能实现遛狗任务;每周要给小狗洗澡,剪毛,这需要购买专业的护理产品,还要定期去宠物店;还要定期带小狗去防疫站打针,否则咬伤别人后果很严重。之后我们再和孩子一

起商量养什么小动物更容易让我们坚持下去。与孩子达成一致后，孩子明确了养宠物的责任与义务了，我们就要尽可能地满足孩子的需求，给他买一只小宠物。

第二步：约法三章，分工明确

在小动物买回家之前，要先考虑到将来会有哪些工作要做，根据每个人的时间、能力合理分工。比如，我的女儿养了一只小仓鼠，去购买时就咨询了店家后期的照顾打理等相关事宜，然后回到家就和女儿一起进行分工。女儿主要负责喂食和喂水，我负责每周清理鼠舍和消毒的工作，爸爸负责购买木屑、粮食等。后来，每次我给小仓鼠清洗的时候，女儿都会蹲在一边帮我递工具、准备浴盐和木屑。这样既培养了女儿的责任感，也拉近了女儿与妈妈的亲子关系。

第三步：静待变化，感受成长

自从女儿有了小仓鼠，她每天睡觉前都会跟小仓鼠聊两句，喂食时也跟小仓鼠唠唠嗑。有一次写作文，内容就是关于小动物的，我就提示女儿："你可以写你的球球（小仓鼠圆圆的，女儿给它起名球球）呀。"女儿一听，对呀！于是就把她与小仓鼠的点点滴滴都回忆起来，一篇作文毫不费力就完成了，这当然还得益于她的亲身经历啊！还有一次，我在吃瓜子，女儿突发奇想，问："妈妈，球球可不可以吃瓜子呀？"我一下愣住了，因为我也不知道，于是我停顿了两秒说："这个问题不错！你上网查一查吧。"网上大部分人认为可以给球球吃没加工过的瓜子，女儿尝试给了几个，小仓鼠果然自己用小爪子灵活地剥开，低着头，特认真地吃光了，我们看着它那可爱的样子笑得合不上嘴。相信如果您的孩子也饲养了小宠物，也会拥有不一样的成长体验。宠物像玩具一样，是所有孩子的好伙伴，它不仅能给孩子、家庭带来欢乐，增进亲子间的和谐关系，还能有效培养孩子的责任心、爱心，增长知识等。既然养宠物有这么多好处，作为父母的我们又何乐而不为呢？

孩子"圈养"还是"散养"?

案 例

　　洋洋每次出去玩,妈妈都手把手地拉着,生怕摔了;当孩子一不小心把手弄脏时,湿纸巾会立刻送到手上;当孩子玩得正高兴时,水杯立刻递到嘴边,每隔几分钟便是一次;当孩子稍微出一点儿汗时,立刻带孩子回家,担心孩子生病感冒。洋洋面黄肌瘦,协调能力弱,妈妈处处小心,他就是在妈妈这样的百般呵护下成长的。这样的所谓"圈养"利于孩子各方面能力的发展吗?

　　现在很多父母都特别重视孩子的教育问题,但也不免有时过于溺爱,包办代替,真是握在手里怕碎了,含在嘴里怕化了。一味地"圈养"会阻碍孩子各种能力的发展。"散养"式教育会让孩子更自由,在不断探索中,孩子的行为处事都会变得更加独立。守在父母身边的孩子大多不能成事,要放开手让孩子自己闯荡"天涯",因此,我说孩子要"散养"不要"圈养"。"散养"并非不管不顾,不妨按如下步骤试一试。

　　第一招:安全中活动

　　当孩子第一次独自来到游乐场等游戏场所中进行活动时,要提前和孩子讲清楚玩耍注意事项,如何在游戏中注意安全,不做危险的动作,让孩子学会保护自己,增强安全意识。游戏活动不仅能促进孩子之间更好地交

流，也更有利于他们的身心发育。

第二招：锻炼中培养

著名作家池莉在培养孩子自理能力方面的经验值得我们学习。她让女儿亦池 3 岁时开始独自睡觉，独立起夜并于次日早上自己倒掉便盆。之后孩子又很快学会自己挤牙膏和洗毛巾；如果妈妈还没有起床，她会主动给爸爸妈妈挤牙膏。4 岁以后她主动替妈妈帮厨，倒垃圾，吃饭前拿碗筷、摆餐具。某公司女总裁在教育孩子方面也是采用"散养"的模式，她对孩子说："我把你生下来就已经完成了我的任务，剩下的事情都应该由你自己来做。"因此她的孩子一路走来，都是通过自己的努力取得进步。只要您给孩子锻炼的机会，孩子就会有更多的思考能力和解决问题的能力。

第三招：探索中创造

请您更多地放开孩子的手，让他自由地在一个相对安全的环境里探索，这对孩子是极其有益的。卢梭就说，孩子小时候，把他扔到大自然里，那个广阔天地会给他带来许多愉悦。当孩子玩土搭房子时，动手能力得到培养；当孩子爬高爬低时，运动能力得到发展；探索中孩子无拘无束，既拓宽了视野，又开阔了心胸，大大培养了孩子的想象力和创造力。家庭教育的重心是在日常生活中培养孩子的独立意识和自理能力，并体现在日常生活的每一个细节中。作为家长，我们要大胆放手"散养"我们的孩子，那样他们会更加自由，更加活泼，更加具有创造力。给孩子机会和平台吧，让他们在广阔的天空中自由翱翔，他们定会乘风展翅飞得更高更远。

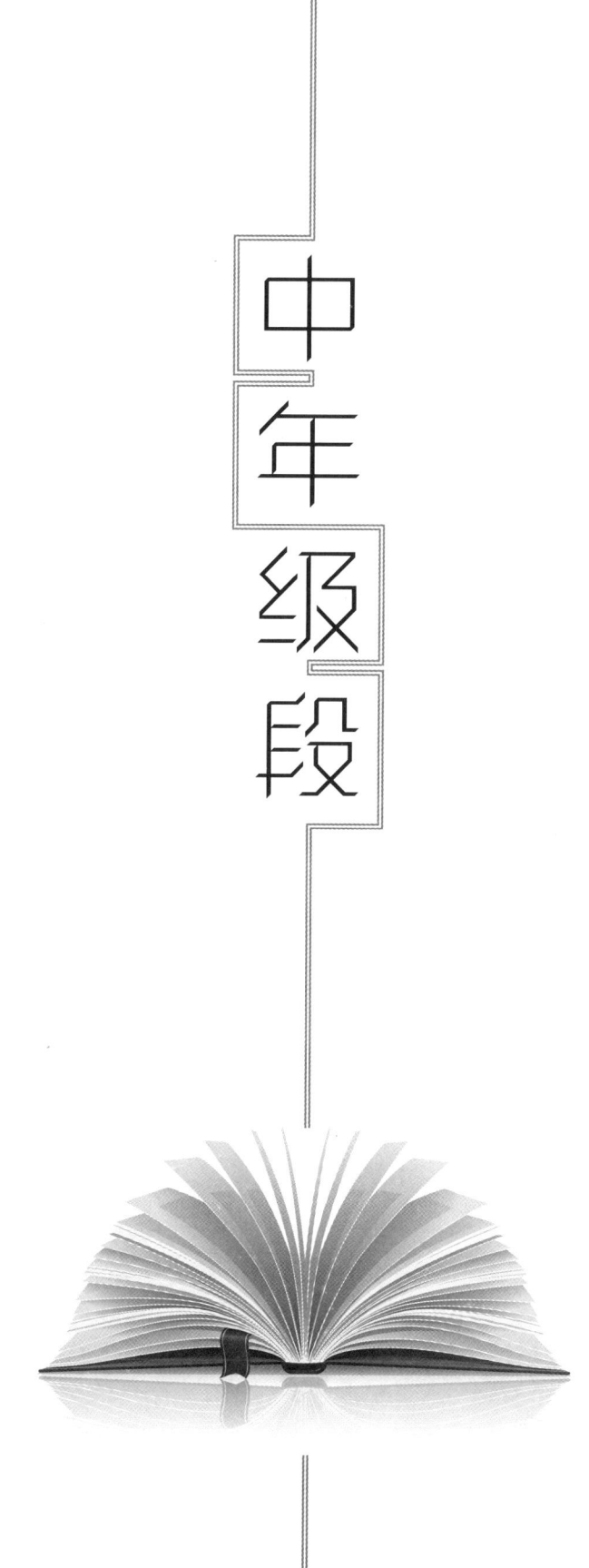

中年级段

孩子一个爱好特长都没有，家长怎么办？

案 例

在一年级某班的结业课程时，同学们唱歌、跳舞、吹长笛、吹葫芦丝、说相声、表演小品、练武术……真可谓八仙过海，各显其能。可是小轩却静静地躲在一边当观众，当大家请他表演节目时，他手足无措，一个劲儿地摆手说："我……我不喜欢……我也不会。"

我想，如果您是小轩的家长，在一个展示孩子才能的时候只能看着别人家的孩子吹拉弹唱，各显其能时，是否也很着急，也觉得自己的孩子缺失了些什么吧？因此我说，在孩子上一年级甚至上小学前，家长可以有意识地培养孩子一个文艺或体育特长，这对他将来性格、能力、品行的发展都有帮助。那么，怎样做才能培养孩子的爱好和特长呢？我想与广大家长朋友一起分享一下我培养自己孩子爱好特长的经历。

观察孩子的爱好，发现孩子的潜质。我女儿从小就特别爱在水里玩，见了水一点儿也不害怕。所以我们就经常带她去游泳，在水中和她一起嬉戏。一次在游泳馆玩时，一位教练对我说："您女儿水性真好，太像个小青蛙了，把她交给我吧，我一定把她教会。"就这样，我给她报了游泳学习班，一期下来教练又让她报了仰泳班。上小学后，她又学会了自由泳和蝶泳。后来她经常自豪地跟同学说："我蝶、仰、蛙、自，样样行！"

多带孩子走进少年宫。同事的女儿很小的时候就显露了自己的舞蹈才能，只要听到音乐她就会随着音乐翩翩起舞。3 岁多时同事带着她来到了少年宫，让她参观孩子们的活动，她没在任何一处停留，就径直到了舞蹈教室和那里的小朋友一起跳起了舞。老师对同事说，可以给她报名。报名处的老师说孩子年龄太小，舞蹈老师却破格要了她。后来她一直跳到了中国舞六级，又学习了拉丁舞，曾获得全国拉丁舞第一名。

和孩子一起培养爱好。朋友的女儿兴趣爱好广泛，她喜欢吹长笛、喜欢弹古筝、喜欢轮滑，朋友就尝试和女儿一起练，让女儿给自己当老师。朋友女儿曾和我说："我妈弹古筝还是我教会的呢，轮滑也是我教会的，这样能给她省下很多的课时费呢。"

抓住在学校学习的机会。二年级时，体育老师说班上的阳阳跑步在女生中最快，阳阳就跟着老师练跑步。老师又说她投掷不错，阳阳又跟着老师练习投掷，阳阳曾获得校级运动会投沙包的冠军。自由泳、蝶泳、轮滑、拉丁舞等，阳阳都是在学校的选修课上学会的。所以要抓住在学校学习的机会，培养孩子的爱好和特长，这样还节省了孩子的课余时间和周末时间，真是一举两得呢。

如今上中学的阳阳又抱起了吉他，和老师一起唱民谣。她兴奋时会舞蹈，失意时会拿起陶笛吹一曲，高兴时她的双手在琴键上狂飞，得意时她会说出英语……特长培养给了她阳光的性格、自信的品质、坚强的意志。

每个孩子都是独特的个体。如果家长从学前开始就能发现孩子的潜质并努力培养孩子的爱好和特长，孩子在集体生活中就能够更加自信阳光地成长，也能交到更多朋友，这对培养孩子的性格和品质有很好的推动作用。

奥数有必要学吗?

案 例

一天，刚刚出差回来的爸爸看见自己的宝贝女儿小丽放学回家，开心地说："闺女回来了!"可女儿却噘着小嘴委屈地说："妈妈给我报了奥数班!"爸爸说："报了奥数? 学那干什么?"妈妈义正词严地说："干什么? 人家都学，你不学行吗?"夫妻俩你一言我一语，火药味越来越浓……

我相信很多家长看到这个案例肯定也想问："奥数有必要学吗?"我想跟您说，真不是所有的孩子都适合学奥数。奥数，全称叫"奥林匹克数学"或"数学奥林匹克"，它体现了数学与奥林匹克体育运动精神的共通性，是数学百花园中的一枝奇葩，它以传统的课堂教学为基础，侧重培养孩子开放、创新的思维模式。但这种数学，本身素有"思维训练体操"之称，它有枯燥的一面，也有抽象的难于理解的一面。是为学有余力、学有兴趣、学有特长的学生提供的一个展示他们数学才能的广阔平台。因此我建议广大家长朋友，可以让孩子尝试上一次奥数课，如果孩子能从解题中收获成就感、喜悦感，喜欢这样的课，那就让他上;否则，孩子接受在校的数学教学就足够了。如果让一个连学习学校课本内容都很吃力的学生去学奥数，孩子不仅学不好，还会带来负面的心理压力，丧失自信，最后甚至厌恶学

习数学，不喜欢上数学课，这何苦呢？一些学校给有这方面特长的孩子专门开设智力七巧板、趣味数学等思维训练选修课，提高学生的发现、比较、判断和推理能力，训练学生有条理地思考问题，激发他们的学习兴趣，培养良好的学习习惯，这些远比学奥数本身更重要。

　　总之，孩子学不学奥数，应根据孩子的特点、兴趣、爱好而定，要尊重孩子的意愿，不要跟风，更不要强迫孩子去做他不愿做的事情。因为，兴趣是孩子最好的老师。

孩子不喜欢背英语单词怎么办？

案 例

刚放学，我就接到明明妈妈的电话："老师啊，我家明明一二年级时还是很喜欢学习英语的，可是到了三年级，孩子们开始背单词，眼看着孩子学习英语的兴趣没有以前高了。现在很少积极主动地背诵英语单词不说，每到老师听写时，成绩总不理想，所以每次都不开心。为这事，我总说他，可说多了，又怕伤孩子的自尊心，我到底应该怎么做呢？"

明明是一名三年级的孩子，面对英语从一二年级以听说为主到三年级开始读写的变化，孩子一开始不适应。虽然家长和孩子们一起付出了很多努力，但是收到的成效有时却和付出不成正比。为此很多家长责备孩子不够用心，学习粗心大意。有的家长批评孩子，甚至怀疑孩子不适合学习英语。如果您也有这样的想法，那就错了。

通过下面的案例，看看您是否能从中得到启示：

天天原来也不喜欢背英语单词，一次和妈妈去公园游玩，妈妈看到满地的黄树叶，突发奇想，想要和天天一起玩游戏。游戏的内容是背诵英语单词，谁不会说，就要将黄树叶放在谁的头上。一听说玩游戏，天天欣然接受，在游戏的过程中，天天和妈妈一起背诵单词，当天天说到妈妈不会拼写的单词时，天天主动告诉妈妈单词是怎么拼写的，并将黄树叶放在妈妈的头上，看着妈妈头上撂起高高的黄树叶堆时，天天和妈妈都很开心。

有些时候，家长需要在孩子面前示弱，让孩子感到自己都能战胜家长了，这样可以很好地激起孩子的兴趣和斗志。

游戏是孩子们喜欢的方式。在游戏中，天天不知不觉地背会了单词。为了提高背诵单词的乐趣，考虑到孩子的不同学习风格，作为家长，可以变换不同的记忆单词的方式，不要一味地让孩子坐在椅子上枯燥地背单词。在这里，建议尝试一下以下几种做法：

第一，可以调动孩子的多种感官，在各种情境中背单词。如果孩子喜欢动，可以让孩子在跑跳中背诵单词。如果孩子喜欢画画，就让孩子画出单词。如果孩子喜欢做游戏，那可以将单词做成小卡片，和孩子玩抽卡片的游戏，孩子猜对，可以得到大大的拥抱作为奖励等。

第二，在生活中有意识地让孩子运用所学词汇。孩子学习英语词汇的目的是要运用。当孩子在生活中看到真正的实物时，可以让孩子说出相应的单词，反复运用，这样孩子的记忆更加牢固。如去超市时，您不妨有意识地让孩子用英语表达"supermarket"；去餐馆喝了饮料，顺便让孩子说出饮料"juice"的英文表达。及时帮助孩子复习单词。根据艾宾浩斯遗忘曲线，孩子学完单词后忘记是非常正常的现象。作为家长，首先需要理解。在孩子学完单词后，要及时提醒孩子复习。复习时间不宜过长，我们不在乎复习时间的长短，而在乎复习的频率。孩子每天花 5 ~ 10 分钟复习，比心血来潮一下子复习 1 个小时，之后一周都不再看了的效率要高得多。所以可以利用零散的时间，如每天上学的路上，和孩子亲子互动来复习词汇。作为家长，一定要多鼓励孩子加强平时的英文阅读。让孩子在阅读中去积累词汇，这样孩子对于复现率高的词汇，不用去背，自然就能记住。

第三，我想说的是随着年龄的增长，孩子背诵单词的能力会逐步提高，作为家长不要太担心，没有必要让孩子每天花大量的时间去背单词，倒不如利用这个时间去多阅读英文图书，在阅读中了解、积累更多的词汇。真心地鼓励家长朋友能向天天妈妈学习，创造出更多适合自己孩子的学习英语的方法。

如何兼顾孩子的学业与特长?

案 例

佳佳从小就特别爱画画。刚上三年级,她的绘画作品就获得了全省一等奖。一天放学,佳佳的妈妈忧心忡忡地对我说:"老师,孩子三年级了,学习任务重了。每天画画要占用很多时间,我担心孩子的学习成绩会下降。可是孩子又那么喜欢画画!我们该怎么办呢?"

在家长和学生看来,特长是鱼,学业是熊掌,二者不可兼得。其实不然。孩子专心致志地画画,她的观察力、注意力、想象力和意志力得到了很好的锻炼和培养,对她学业成绩的提高有很大的帮助。关键是怎样合理地安排时间,提高效率。各位家长朋友,针对佳佳妈妈的困境我给您讲一个真实的故事:

2014年9月,我接任了四年级6班的班主任工作。开学第二天,我接到了学生左彤交给我的一份申请书,申请每天只上半天课,中午回家练习钢琴。当时的我不知所措:哪有小学生为了弹琴只上半天课的?学校能同意她的申请吗?她的学习成绩能得到保证吗?迫不得已我去请教校长。没想到校长平静地说:"哦,左彤啊,她上学期就已经只上半天课了。她有音乐方面的天赋,应该给她提供足够的时间和空间呀!"更没想到的是,在这期间,左彤凭借自己的进取心和自主学习能力,学习成绩一路领先。

她还凭借自己的才艺，担任了学校少先队大队长的工作，每周主持升旗仪式。在小学的毕业典礼上，她说："学校的教育理念和教育环境让我的天赋得以发展，让我的梦想得以放飞。是学校给我插上了梦想的翅膀，撑起了梦想的广阔天空。"

　　各位家长朋友，通过左彤的事例，在此我想对大家说，也是对佳佳妈妈说："佳佳妈妈，我为您有这样一个优秀的女儿而高兴。其实，兴趣特长和学业成绩是相辅相成的，只要保持旺盛的求知欲和进取心，合理地安排好时间，提高学习效率，孩子的兴趣特长和学业成绩一定能齐飞并进。"

孩子学英语该不该报课外班?

　　小明从英语班回到家中，显得一脸烦躁。看到儿子不开心的样子，爸爸心疼地对妈妈说："孩子不愿意上英语课外班，要不咱别逼儿子上了。"可妈妈执意反对："人家小朋友都上，咱儿子不上，将来跟不上怎么办？我可不愿意儿子落在别人后面……"

　　相信很多家长曾遇到过类似的问题，深知孩子不喜欢，可是知道英语学习很重要，别的孩子都在学，所以从众的心理油然而生，也逼着孩子学习英语。那么，孩子到底该不该报英语课外班呢？我认为这主要取决于您的家庭情况。

　　一、如果您有能力对孩子进行监督指导，则完全没必要报课外班。可以跟孩子一起学习英语，这里介绍几个招儿，不妨一试。

　　可以将孩子零散的时间利用起来学习英语。比如，每天上下学的路上，如果开车接送孩子，车上可以播放英语学习光盘；每天早上起床、晚上睡觉前、孩子刷牙时，给孩子播放英语录音，重在练习听力。给孩子提供当小老师的机会。可以让孩子将在学校学到的内容教给家人，使孩子感受到学习英语的成就感，那样孩子会更加积极地学习英语。

　　二、尽量为孩子创设学习英语的环境。可以让孩子将单词卡片贴在家

中相对应的实物上，让孩子多看，在生活中多感受英语。平时可以带孩子去参加英语角，给孩子提供用英语与别人交流的机会。另外，出国旅游是真正让孩子充分运用英语的时候，家长此时要抓住时机多鼓励、表扬孩子，充分放手，家长可以显得弱势一点儿，依靠孩子去与外国人沟通，如购物、问路、用餐等。

三、如果您有工作便利经常和外国人接触，不妨邀请外国人来家里做客，或者一起外出游玩，鼓励孩子与外国人多交流，尽量给孩子提供更多的英语学习资源。适当给孩子选择符合孩子年龄特点的英语歌曲，让孩子多听、学唱，模仿跟唱，记歌词，学习地道的英语表达。如果您和孩子都喜欢看电影，那不妨试试和孩子一起观看经典的英文电影。在看电影之前，可以让孩子对故事情节有一个大致的了解，之后再让孩子反复观看，甚至背诵电影中的经典台词。当然也可以和孩子一起就电影中的台词进行对白。推荐一些适合孩子年龄特点、学习水平的英语绘本故事。孩子在读绘本故事的过程中，不但学习了地道的英语表达，增长了词汇量，而且在阅读故事的同时，也学会了做人做事的道理，一举多得。

总之，每个孩子的特点不同，学无定法。可以参考其中一条或几条进行尝试，当然也可以不同阶段采用不同的方法，使孩子始终保持英语学习的新鲜感。只要给孩子提供尽可能多的听、说、读、写的机会，让英语随时出现在孩子的生活中，把学习英语变成一种习以为常的事情，就不用再担心孩子学不好英语了。

当然，以上的建议，如果由于工作或其他原因不能采纳，但是又想让孩子在英语方面有所提高，不妨根据孩子的兴趣报一个以听说、交流为主的课外班，从而保证孩子的英语学习时间。但作为家长，不要给孩子太大压力，不要急于求成，毕竟语言学习是一个漫长的过程。

孩子写完作业不爱检查怎么办?

案 例

这学期,我成了小峰的老师,没过多久我就发现他身上的一件怪事:小峰的家庭作业正确率基本上都是百分之百,可在校完成的作业却错题连篇、漏洞百出。为了解开心中的疑惑,我拨通了小峰妈妈的电话,经过沟通才知道:原来自从三年级开始有了家庭作业后,妈妈每次都帮他检查一遍,再把发现的错误改掉,第二天作业才上交到我的手中。最后,小峰妈妈问我:"老师,您说我这样做到底好不好? 小峰这孩子就是写完作业不爱检查,有时我真的挺纠结的!"

可怜天下父母心。这位母亲的做法我们可以理解,但还是不太理智呀。定时翻看孩子的作业,进而了解孩子的学习状况,这是非常有必要的,对孩子作业中出现的问题给予点拨也是可以的,但如果目的单一到就是帮助孩子检查作业,我想这样就不太好了。更何况,自己的作业自己写、自己认真检查,这也是学生对自己学习的责任心的体现,作为母亲,在督促孩子认真写作业的同时,更要配合老师培养孩子认真检查的好习惯,不能以己之劳代之。所以,咱们当父母的必须学会慢慢放手。我想起我们学校老师与自己孩子之间的小故事,或许能够给您些启发吧。

高老师的女儿今年上四年级,孩子特别喜欢学数学,尤其喜欢做数学

作业，不光因为在数学作业中她可以充分展示自己的数学天赋，更重要的是研究得好可以得到一张数学和悦班币。这天晚上，她把自己刚刚研究完的《用统计的眼光观察生活中的一件事》得意扬扬地拿给妈妈看，妈妈问她："闺女，统计对数据和计算的要求可是很严谨的，你好好检查了吗？"女儿不耐烦地回答："查了，查了！没查出错。妈，你再帮我检查检查吧，求你了！"妈妈见状心中有了自己的猜测：这孩子十有八九并没有落实检查这个环节，回想孩子这段时间在家做作业的表现，的确有些浮躁，写完作业后很多时候不愿认真踏实地再次检查一遍。正在这时，这位老师发现女儿作业中一处数据处理存在明显的失误，她暗自思忖：何不借此让孩子长长记性呢？于是，她默不作声，五分钟后把本子还给女儿，说："闺女，妈妈检查了，像你一样，我也没查出错。"女儿蹦跳着跑开了，仿佛前面展现的就是老师竖起大拇指表扬她的画面。不过，这个故事的结果您可能已经猜到，这位女孩并没有如愿以偿。但是，这位老师又是如何教育女儿的呢？"妈妈，你还说你查过了，我这里有个计算错误你都没检查出来，唉！""哦？宝贝儿，是谁先说她查过了，没查出错的？"女儿眉头微微一皱："其实，其实我没检查。""看看，作业的小主人都不对它负责，谁还肯对它负责呢？""妈，你不用说了，虽然你是教数学的，但也靠不住，下回我还是相信自己的眼睛吧！"

　　每个孩子都不一样，上面的故事有着自己特定的背景，但在培养孩子主动检查的好习惯时，有些原则却是相通的，比如：家长切不可包办代替，不可以行政性的命令来生硬地要求孩子，要舍得让孩子先吃一堑然后再长一智，等等。其实，关于孩子的很多问题都不是一招包治百病的，但也不像好多家长想的那样无计可施，有时只需您多花点心思，多使点小"伎俩"、小花招，方法总比问题多。

孩子做事马马虎虎怎么办?

案 例

朋友的孩子亮亮在一次测试中又出现了把会写的字写错、忘记做一道画线题等低级错误。小家伙拿回试卷,笑着对朋友说:"嘿嘿,又是马虎的问题啊!"说完,他不好意思地冲朋友笑了笑,弄得朋友哭笑不得。朋友说在亮亮考试前,他已经再三强调要亮亮认真仔细,可是这马虎的情况还是再次出现了。为此,朋友很是苦恼。

做教师这么多年,"小马虎"是困扰着很多家长和孩子的一个问题。很多"小马虎"孩子就像亮亮一样:对成绩并不满意,但对成绩又并不太在意。应该说,他们心里想的是:只要自己认真写,这些分就不会被扣掉。"小马虎"真的无所谓吗?真的能够很容易就被克服掉吗?真的不是!卢梭曾对粗心有过这样的评价:"人之所以犯错误,不是因为他不懂,而是因为他们自以为什么都懂。"可见,粗心、马虎是很可怕的。而亮亮的事例也告诉我们要克服掉"小马虎"并不容易。

很多家长都在为孩子的"小马虎"头疼,都在寻求着使自己的孩子克服掉粗心大意这一毛病的灵丹妙药。其实,您若看到过孩子们考试的情景,就会发现每一个孩子在考试的时候都非常地投入!因为每一个孩子都期待有一个好成绩!那为什么还会出现亮亮这样的"小马虎"现象呢?其实,

造成"小马虎"的原因有很多，而孩子的不良习惯是造成"小马虎"最主要的原因。那么我们该如何让孩子们丢掉"小马虎"的帽子呢？我们这里积累了几个小方法，希望能帮到您的孩子。

一、注意力的培养

心理学中有这样一段话：保持良好的注意力，是大脑进行感知、记忆、思维等认识活动的基本条件。在我们的学习过程中，注意力是打开我们心灵的门户，而且是唯一的门户。亮亮将"蔑"字丢掉一个点，是因为他在观察这个字的时候，视觉的注意力没有达到最好的定点观察，所以才不会关注到这个字的每一个细小的构成。而注意力的培养是必须和生活紧密结合在一起的。所以，我们需要在日常生活中去训练孩子的注意力！我一个同事是这样训练他儿子注意力的：他每天都会让孩子做一个"找不同"的游戏。开始的时候两幅图很简单，随着时间的推移，两幅图的不同之处越来越难找，可是小家伙却总会乐此不疲地去找，因为他的爸爸也在找，两个人在比赛。孩子很享受和父亲之间的胜负比拼。经过三个月的训练，这个孩子的注意力从原来的只能静坐看书五分钟，到现在可以专注看书1个多小时了。当然，也可以根据孩子的年龄选择难易程度不同的组装、拼插玩具，让孩子自己看图组装。这些都是训练孩子注意力的好办法。

二、绝不放过任何一次"小马虎"

当您的孩子第一次出现"小马虎"现象的时候，可绝不能轻易放过，甚至要比孩子遇到不会的问题还要认真对待，让孩子深刻地认识到犯了"小马虎"是非常严重的事情。这时候，可以采取一些适当的惩罚措施，比如不能买喜欢的图书。惩罚不是目的，是让孩子在态度上重视，而不是将"小马虎"当作一件很简单的事情对待。

三、科学复习

您也许觉得认真学习才是避免"小马虎"的好方法，诚然，认真学习能够减少"小马虎"现象的出现，不过，您也一定知道，记忆分为长时记忆和短时记忆。课堂上的习得属于短时记忆，而复习则属于长时记忆。所以说复习是最好的避免马虎的方法之一。我们学校会让孩子们在课后做一项自主梳理作业，不妨让您的孩子也试试。这项作业的内容可以是孩子在课堂上听到的精彩发言的记录，也可以是他对所学知识的整理、总结，还可以是他在课后对一些问题的理解。总之，这项作业是孩子自主设计和完成的。正因为是孩子自主的作业内容，他的兴趣就会很高。又由于是自己针对自己的问题进行的知识梳理，所以针对性也就更强了。科学、高效的复习会使孩子对知识的掌握更有条理、更细致。有了有针对性的复习，对知识的掌握更扎实了，出现马虎的现象也就会逐渐减少了！当然，这样的作业形式在前期是需要我们在旁边进行一些指导和引领的。不过，可一定要尊重孩子，千万别要求孩子必须写什么内容。当我们平等地将建议传递给孩子时，孩子也一定会自然而愉快地接受。当孩子养成了自主复习的好习惯后，离摆脱掉"小马虎"的毛病就不会遥远了。我们的孩子也会获得更多的快乐！

孩子不爱动脑筋怎么办？

案 例

假期里的一天，我的公共邮箱中出现了这样一封信："老师您好，我是亮亮的妈妈，我经常会问孩子一些事情，可他每次想都不想就直接摇头或干脆说不知道，再不然就直接回问我。孩子不爱动脑筋就等着别人告诉他答案，这如何是好？这么小就懒得动脑，那以后上中学怎么办？"

"动脑筋"是儿童认识世界的根本途径之一，孩子生下来是一张白纸，喜欢不喜欢动脑筋，其中有很大一部分原因与后天培养有关。因此，要想找到问题的解决办法，先要弄清问题产生的原因。

生活层面：可能是您剥夺了孩子动脑筋的权利。比如孩子要喝水，明明可以绕过桌子自己过去取，可您就直接把水杯送到孩子面前，导致孩子不用任何思考和行动就能喝到水，久而久之，孩子便不善于自己解决问题了。遇到这种情况建议您不要急于帮孩子去解决，先让孩子想想该怎么办，试着说出自己的解决方案，即使第一次说得不准确也无妨，只要多鼓励，相信孩子会越来越善于思考的。

性格层面：可能与孩子的脾气秉性有关。有的孩子天生不擅长与别人沟通，适应能力不强。这样的孩子在面对他人提问时往往不善表达，采用较简单的方式推诿逃避，即回答"不知道"。对于这样的孩子，建议多鼓

励孩子参加集体活动，例如与同龄儿童一起游戏，为孩子创造机会结交朋友，学会相互交谈，孩子慢慢就会变得阳光开朗，头脑灵活。

心理层面：可能与他人评价而产生的心理暗示有关。有时不恰当地要孩子回答一些他不感兴趣或不擅长的问题，当孩子说"不知道"或"不会"时，您立刻数落孩子："怎么连这么简单的问题也不会？""又说错了！""你可真笨！"这些使孩子备受打击，以后对能够回答出的问题孩子也没信心答了。这种情况建议采取平等、鼓励的方式与孩子沟通。当一些难度较大的问题孩子回答不上来时，应及时调整所提问题难度，如在看长颈鹿时，可以这样提问："长颈鹿的脖子怎么这么长呢？"如果孩子不知道，可以降低难度："长颈鹿爱吃什么呢？"孩子就会说："树叶。"这时，无论孩子的回答是错是对，都要表扬孩子，因为我们看重的是孩子的动脑过程，而不是答案对错。久而久之，孩子就愿意动脑筋了。孔子在两千多年前就说："学而不思则罔，思而不学则殆。"且学且思，孩子方能更好地成长。

孩子犯错误还坚持自己的独特见解怎么办？

案 例

小景在小区里玩的时候，用小水桶把同社区小朋友的头打了一个包。爸爸批评他不能打人，可是小景却说："他不经过我的同意就抢我的小桶，我让他还给我，他就是不还，我才打了他。我保护自己的东西没错！"一番话说得爸爸哑口无言，不知道该如何教育自己的孩子了。

很多家长遇到这样的问题都会很着急，也很生气，觉得孩子不好管理了，其实问题并没有想的那么严重。首先，我们觉得，这样的问题出现是一件好事。它标志着我们的孩子长大了，有自己的思想了，不再随波逐流、人云亦云了。其次，能够维护自己的利益是一个人在社会中生存的基本能力，孩子已经初步具备了。其实，这样的事情在我们学校也有发生。希望我们的处理方式能够带给您一些启示。

课间，我班的两个同学小翟和小吴发生了争执，继而出现了打架事件。小吴被摁到了地上，头磕出了一个包。知道此事后，我把他们叫到了身边。在确定了小吴的伤并不严重后，分别向他俩询问了打架的原因。小吴说："是小翟先动手的，我只是还击。不过打架不对，以后不会再犯了。"小翟说："是我先动的手。他说我的妈妈，所以我打了他。他要是再说，我还打！"语气中充满了坚定。听了两个孩子的话后，我对他们说："好，事情我知道了。你们说得很好，回去吧。"两个孩子站在边上发了半天呆，发觉我是认真的，才走出了办公室。几天后，两个孩子找到我，问我："那天的事情真的就这么结束了？"我对他们说："对呀，结束了啊！随便说别人母亲的孩子已经得到了别人的惩罚。另一个孩子保护了自己母亲的尊严。虽然方式有些粗暴，但是展示了一个男孩子的担当。还要我解决什么呢？"两个孩子互相看了看，笑了。从那以后，两个孩子再也没有发生打架的情况。我们静下来好好想一想：一个男孩子，如果连自己母亲的尊严都不去勇敢维护，还会在乎什么？同样，一个孩子，如果连自己的东西都保护不了，将来能去保卫祖国的领土吗？

其实，有时孩子们面对错误时的独特见解并不是他们不接受我们的意见或观点，这些独特见解只不过是他们自己身处这件事时的切身感受。面对孩子们这样的错误，您只需去静静地听听，相信他们，就足够了。当您将理解、信任的目光传递给孩子，这些有独特见解的孩子就会更全面地分析和考虑问题了。

如何缓解孩子的不良情绪?

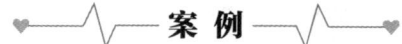 **案 例**

放学时,一位家长神情凝重,焦急地向我诉苦:"我家孩子这段时间总是向我发脾气,跟我生闷气,在家里摔东西,还把书撕了。我怎么劝他也不听,您说我该怎么办呀?"

大人能够有理智地控制情绪,孩子的自我控制能力弱,有了负面的情绪当场就会发泄出来。在没有大人引导的情况下,孩子自发的宣泄方式往往是不当的,比如哭闹、损坏物品、攻击他人等。

碰到这样的情况,不妨试着理解孩子,允许孩子有不良情绪。当孩子出现不良情绪时,要先控制自己的情绪,不能强制性处理,一味地批评指责,激化矛盾。可以从以下几点进行尝试。

一、转移注意力

当孩子遇到不开心的事情的时候,最好不要去打扰他,更不要催孩子做作业。因为这个时候,孩子根本无法集中注意力读书、写作业。可以先进行冷处理,暂时忽略孩子的情绪。如果孩子的情绪表现得过于激烈,不妨先转移孩子的视线,陪着孩子做一些高兴的事,比如和孩子一起做游戏,和孩子分享一些他爱吃的食物,聊一些愉快的话题,分散他的注意力。也可以陪他听听音乐,放松心情。或者让他读一些自己特别喜欢的书籍,当

他沉浸在书中的情节时，他就容易忘记不愉快的事情。

二、教孩子发泄情绪的方法

学校心理咨询室一般有沙盘，从孩子的心理特点出发，给孩子创设了一个排解情绪的环境。如果您的孩子比较内向，暂时不愿意与人交流，建议家里可以设置一个"快乐角"，放置沙包、软垫等物品，当孩子有不良情绪时，可以让他到"快乐角"尽情发泄。当他发泄完后，情绪也就逐渐平复了。

三、给孩子选择的自由

一旦孩子的情绪缓解以后，要了解他有不良情绪的原因。很多孩子发脾气，可能是自己的想法、做法不被家长理解，或者家长干涉了他的行动自由。如果孩子爱发脾气，就要检查一下自己的行为，是否对他约束得太多，阻碍了孩子的成长。作为家长，我们一定要蹲下身子，了解孩子真正需要什么。无论孩子想做什么事情，都是一种学习的过程。鼓励孩子去经历这个过程，才能真正锻炼孩子的能力，让孩子学会与人沟通。

四、讲故事，让孩子明白道理

孩子都爱听故事，我们可以给孩子讲一讲《哈佛家训》中的故事《篱笆上的铁钉》，并告诉他：你的朋友和家人都是你生命中宝贵的财富，他们让你更自信，让你更勇敢。可是，有时你会说出伤害他们的话，或者做出让他们心痛的事情。不要认为他们不会介意，就像在篱笆上钉过钉子一样，伤害会留下永远的痕迹。坏脾气是一柄双刃剑，它在伤害别人的时候同时也伤害了自己。这样的道理，通过故事讲述出来浅显易懂，孩子会印象深刻。

五、直面负面情绪

如果孩子发泄不良情绪的方式不对，或者是在公共场合发泄不良情绪对他人造成了影响和伤害，不要纵容孩子，等孩子情绪缓解后，在家里设定一个"家庭日"，和孩子直面负面情绪，非常严肃地告诉他，这种做法

不对，并教会孩子排解情绪的正确方法，引导他真诚地向被伤害的人道歉。家长的耐心引导，可以让孩子学会冷静地分析问题，明辨是非。这样一来，在关爱的氛围中，孩子会感受到当自己有负面情绪时，父母会和他站在一起，共同面对。允许孩子不良情绪的存在不等于认可他的情绪，也不意味着纵容他，而是要帮助他摆脱不良情绪。其中有效沟通和善于倾听很重要：沟通，可以及时缓解孩子的不良情绪，可以使亲子关系融洽。倾听，可以让您理解孩子，帮助孩子走出困惑。相信有了父母充满温情的关爱与理解，孩子一定能直面生活中的负面情绪，早日拥有阳光心态。

孩子不能承受挫折怎么办？

案 例

小军是一个非常优秀的孩子，在学校还当上了少先队大队长。一天课间操放广播时，他放错了音乐，大队辅导员老师批评了他一句："你放广播操音乐已经不是第一次了，怎么能放错呢？"小军立刻号啕大哭、不能自已，老师赶紧劝他。等小军平静后，老师很不解地问："我就说了你一句，你为什么会哭成这样，好像受了天大的委屈似的？"小军告诉老师，从小到大，从来没有人批评过他。于是，老师就和班主任及家长联系，果不其然……

孩子该不该承受挫折呢？回答是肯定的。但是现实中，我们的家长太爱孩子了，觉得孩子永远是孩子，应该加倍呵护。孩子所犯的任何错误都应该被包容，即使做错了，也不批评。这样的家长在现实中为数不少。孩子从小到大听到的只有表扬，在这样的环境中成长的孩子心理承受能力非常差，经受不了一点儿挫折。我们应该反思一下孩子们的心理承受能力为何如此脆弱。社会复杂，人生多变，父母面对孩子的脆弱心理，如何防患于未然，如何培养孩子的心理承受能力呢？建议不妨试试下面的方法。

当孩子犯错时家长要坦然面对，并恰当地指出孩子的错误。我们常说磨难是一种财富，委屈也是磨难的一种形式，当一个人经历了磨难，他才

会长大。比如孩子生了一场病以后，我们忽然觉得孩子长大了。所以，我们家长要敢于并恰当地指出孩子的错误。首先，方式方法要恰当。我们要把孩子当作朋友，帮助孩子一起分析在这件事情中他做的不当之处，以及为什么会出现这样的情况，让孩子在聊天的氛围中认识到自己的错误，既增强家长与孩子的感情，又让孩子很自然地接受父母的建议。其次，时间地点要恰当。当孩子犯错时，不要劈头盖脸或心急火燎地批评孩子一通，不分时间，不分场所，让孩子在心理上无法接受。可以等孩子吃完饭或情绪平静后，再找一个私人空间和孩子坐下来平心静气地谈谈。最后，通过家校合作，提升孩子的抗挫能力。当孩子有些小毛病的时候，比如书包收拾不整洁、丢三落四等，不妨与班主任悄悄地沟通一下，让班主任明确指出孩子的缺点。这样既能帮助孩子改掉不好的习惯，又能提升孩子在公共场合下承受挫折的能力。何乐而不为呢！当然，我们也不能冤枉孩子，要拿捏好孩子抗挫折的度，家校配合共同促进孩子心灵上的成长。可以通过"现身说法"，让孩子明白人生中有挫折是很正常的一件事情。有的孩子自小在父母的呵护下长大，总觉得生活就应该一帆风顺，挫折是不应该发生在自己身上的。此时，家长就可以和孩子分享自己在上大学、恋爱、工作等方面所遇到的挫折，通过亲身经历，让孩子明白不管你优秀与否，不管你处在人生什么阶段，任何人都会经历挫折。不同的态度，就会得到不同的结果：有的人深陷泥潭，无法自拔；有的人化腐朽为神奇，将挫折变成动力，最终达到成功的顶峰。总之，我们要使孩子牢记，"阳光总在风雨后，风雨过后见彩虹"。

该不该让孩子做家务?

案 例

周末和朋友们野餐时,孩子们将自带的各种食物进行加工,吃得不亦乐乎。唯独大家公认的"学霸"小玉站在一旁,无助地看着她的妈妈。小玉的妈妈将一块火腿夹入两片面包中,做成一个简单的三明治递给了小玉。"小玉,这个还要妈妈帮你做啊?自己做会更好吃的!"另一个朋友冲小玉说道。"我不会。"小玉弱弱地说完,低下了头……

现代家庭独生子女居多,对孩子往往比较娇惯,舍不得让他们分担家务劳动,我常听到一些父母说:"孩子,你只要把书念好就行了,其他的事都不用你管。"我们该不该让孩子做家务呢?答案是肯定的。家务劳动不仅不会耽误孩子的学习,相反会使他们拥有顽强的意志品质,培养他们做事有始有终、独立、负责的态度。因此,作为家长,我们爱孩子就要舍得用孩子。不妨试着这样做一做。

一、带孩子一起走进厨房

每天,我们如果能够合理安排好准备晚餐的时间,这将是一段美好的亲子时光,也是培养孩子劳动习惯的大好时机。孩子小的时候,我们可以把他们抱进厨房,让孩子看着我们煮面条、煮饺子,允许孩子亲手把面条、饺子"扔"到锅里。再大些,我们可以把孩子领进厨房,给孩子参与做饭

的机会，比如洗菜、择豆角、炒菜、做面点等。尽管让孩子做饭有很多好处，但也存在使用刀、火、电的安全隐患。作为家长，我们要手把手地教会孩子使用工具，讲清厨房安全事项。当有一天，孩子能把用面团做成的饼干送给幼儿园小朋友品尝，把用鸡蛋和面粉做成的蛋糕送给爷爷奶奶时，他们不仅会懂得劳动的意义，更会懂得分享的快乐。

二、巧用家务清单

我们可邀请孩子参加一次家庭会议，共同制订出家务清单，这不仅会让孩子感受到自己作为家庭成员的重要性，更会使他们懂得作为家庭成员的责任。另外，每一位家庭成员都要从家务清单中自主选择力所能及的家务劳动。对于孩子承担的家务，您需要帮助孩子细化任务，示范引领。我校在"美食小达人"选修课中，特意设计了一个模拟厨房，教会学生收拾厨具，并要求学生在与家人共同制订的家务清单中承担"饭后服务"这项家务。在这个过程中，我们家长需要做的是耐心地指导孩子学习盛饭、盛汤、收拾碗筷的技巧，与孩子共同交流递送物品的礼仪。重要的是要坚持不懈地鼓励，允许孩子"不完美"，即使孩子不小心把事情搞砸了，我们也要高高兴兴地提醒孩子。在孩子刚刚开始承担家务时，我们要坚持每天记录孩子的表现，及时地给予积极评价，直到孩子养成良好的劳动习惯。

哈佛大学学者曾经做过一项调查研究，得出一个惊人的结论：爱干家务的孩子和不爱干家务的孩子，成年之后的就业率为 15 ∶ 1，犯罪率是 1 ∶ 10。还有专家指出，在孩子的成长过程中，家务劳动与孩子的动作技能、认知能力的发展以及责任感的培养有着密不可分的关系。孩子做家务是成长的最好机会，他们在家务劳动中学会独立，学会生活自理，学会分担责任。

孩子课上抢着发言没被叫到不开心怎么办？

 案 例

放学路上，妈妈看小川闷闷不乐便问道："小川，怎么不开心呀？"小川对妈妈说："唉！今天数学课上我一直举手，老师偏心，总是叫别人不叫我。"原来小川课堂表现欲很强，发言积极性极高，每次老师的问题一出，他就抢着举手，若是老师没叫他，他就很不高兴。妈妈听了小川的话不知道怎么开导孩子。

我想对小川的妈妈说：孩子课上积极思考、勇于发言非常值得肯定和表扬。我们要保护和鼓励孩子学习的热情和表达的积极性。我们学校在鼓励学生积极发言时有这样一句话："说错了也要理直气壮。"我们校长也常常对老师们讲："说错了也说明孩子们在动脑筋，所以我们不应该批评反而应该鼓励。"在这种开放式教育中，我们的孩子才会变得敢说、爱说、爱学、乐学。

我们学校有"课堂四声"——掌声、笑声、质疑声、辩论声，旨在鼓励孩子们在肯定中补充，在反对中建议，在质疑中澄清，在辩论中明理。鼓励学生认真倾听同伴的发言，学会欣赏他人，多发现他人的优点，精彩之处送以掌声，掌声里传递着对同伴的由衷欣赏与真诚鼓励。走进课堂，您会经常听到这样的声音"我不同意你的观点""我有一个疑问""我来

挑战你"。您会发现孩子们乐于独立思考，善于发现问题、提出问题，敢于向同伴，甚至向老师、向他人质疑，在你来我往的辩论中明晰概念、提升认识、深化感悟。我们打造充满质疑声、辩论声的课堂，让孩子学会批判思维，培养创新精神。让学生在课堂上自始至终思考，着力培养学生倾听的学习习惯，在肯定他人的同时先学会欣赏，能积极质疑，多角度辩论。对于案例中"小川的不开心"，我教过的学生中也有过与小川一样的情况。我是这样与他对话的。

师：老师很欣赏你，非常喜欢你！

生：（有些疑惑）

师：你知道吗？田间留到最后的玉米才是最好的玉米。

生：为什么呀？

师：因为它们是来年用来做种子的。

师：还有，老师更希望你在别人回答不够全面时给他人进行补充，去读懂别人的想法或提出新的质疑。能有理有据地与别人进行辩论，充分表达出自己的想法。

该学生听后开心地笑了。此后，他用心倾听其他同学的发言，以免自己的发言与人重复，以此努力做那棵"留到最后的玉米"。

怎样帮助孩子提高体能？

案 例

有一次，老师给同学们测三分钟跳绳成绩。轮到小兰跳绳，一分钟过去了，小兰出汗了，感觉有点儿累。两分钟过去了，小兰咬紧牙，反应有点儿迟钝了，空了一次绳。还有三十秒时，小兰蹲了下来，感觉心都要跳出来了。她勉强站了起来，刚走了两步，感觉嗓子眼有点儿发黏，一张嘴，"哇"地一下吐了出来。这是怎么了？

读了这个案例，有的家长已经猜到了，小兰之所以不能坚持到底是因为体能不行。现在，小学生每年都有国家体育健康测试，其中就包含了体能测试。如果您也有一个这样的孩子，肯定为他着急，总想帮助他提高体能。一方面，让孩子能在健康测试中取得好成绩；另一方面，让孩子从小在体能方面打下坚实的基础，将来走向社会，能承受起来自学习与工作更大的压力和考验。我劝您别着急，不妨试着按以下几点做：

一、让孩子养成体育锻炼的习惯

父母多陪孩子进行有益的体育锻炼，从孩子喜欢的体育项目入手，循序渐进，如跳绳、跑步、踢毽子、打羽毛球、游泳、打篮球等。就拿最简单的跳绳来说，爸爸妈妈可以一起和孩子玩跳绳比多少的游戏，第一次看谁先完成 100 个。孩子第一个跳，如果失败了就换妈妈跳，妈妈失败了就

换爸爸跳，爸爸失败了再换孩子跳。总之，三人循环比赛，累计自己的成绩，看谁先完成 100 个。第二次比赛可以定 150 个，第三次可以定 200 个，每次都比前一次增加 30 ~ 50 个。孩子的耐力在与爸爸妈妈的比赛中不知不觉就提高了。注意一定要订一个计划，每周不少于 2 次，不多于 4 次，给孩子留一点儿自由的空间。对所有孩子来说，游戏是最好的教法，是所有孩子都喜欢的。

二、父母及时的鼓励、监督是孩子坚持的动力

爸爸可以和孩子一起打羽毛球。开始，只要能接着就是好样的。父子两个配合挑战过关。第一关 5 个球不掉到地上，第二关 10 个球，第三关 20 个球，第四关 30 个球，第五关 50 个球。如果掉地上了就从头再来，多鼓励孩子，如果孩子能闯到第三关就加大接球的难度。然后是父子两个积分比赛，开始时让孩子记积分，慢慢地使他感到得分难度加大。这种对打很有意思，孩子会逐步增加兴趣，会嚷着和爸爸妈妈比赛。时间逐渐加长，难度逐渐加大，鼓励孩子不服输，一定坚持到底。这样既提高了孩子的体能，又使孩子得到了锻炼的乐趣，何乐而不为呢？

三、不要让孩子一次练得"太苦"而产生畏难情绪

我们可以有计划地为孩子制订远足或爬山等锻炼耐力和体能的体育活动计划，但一定要循序渐进，切不可练得太猛、太苦，让孩子吃不消。例如，周末一家三口去爬山，应该走走停停，边欣赏风景边爬山。有的父母为了磨炼孩子的意志品质，自己在前面领着爬，也不和孩子交流心得体会。孩子累了还一味地让孩子坚持，孩子没力气了就批评孩子意志品质薄弱，不能坚持到底，半途而废，将来不能成大器等，孩子很可能会选择放弃或闷声不语，即使坚持到了山顶也失去了欣赏风景的心情。更可怕的是第二天累得腰酸腿疼再也不想爬山了，从此失去了爬山的兴趣，这是欲速而不达。相信我们的家长也曾听说或读到过中韩少年或中日少年体能对抗赛的新闻，我们孩子的综合体能素质和韩国、日本比起来还是有一定差距的。

因此，体能锻炼要从小做起，从现在做起。愿每一个孩子都能拥有强健的体魄，以应对当今社会的各种挑战。

孩子不爱写作文怎么办？

案 例

　　一位邻居向我诉说她的苦恼，说孩子的老师又向她告状了：孩子的作文又没有完成；孩子的周记写得很不认真！邻居很无奈地说：老师一留写作文的作业，我们就恐惧。一到周末，孩子常常耗到最后才去写作文，一篇作文憋半天也写不出来几行，弄得家里气氛非常紧张。我们做家长的也不会辅导，一辅导就着急，批评加指责，急了还打两巴掌，弄得孩子对作文生厌。唉！写作文常常成了我们家长的作业，我们一句一句地说，孩子一字一字地写，孩子养成了依赖的习惯！"

　　孩子进入三年级，语文的学习进入到瓶颈阶段，作文由句到段，是为高年级篇章打基础的关键阶段，作文要求一下子提高了，孩子觉得难，家长觉得不好指导，这是家长普遍的感觉。

　　针对上述情况您不用着急，先消除畏难的心理。其实写作文并不难，就是把心里想说的写出来——"我手写我心"。孩子不愿意写作文，无外乎两方面原因：一是缺少对生活的观察，没有写作素材，感到没得写；二是缺少写作的方法，不知道怎么写，感到无从下笔。为解决这两方面问题，我身边的周老师有个很好的例子，他是这么做的。

　　周末，周老师陪孩子去饭店，点了孩子最感兴趣的印度手抛饼。周老师陪着孩子站在面点师的作坊台前，目不转睛地看完了整个制作过程，并适时地点拨孩子看，叔叔先干什么，再干什么，然后干什么？""叔叔手里的面团有多大？""面团在叔叔的手里变成了什么？""呀！叔叔把擀成圆形的面饼抛起来了，这时叔叔的动作像什么？"当女儿吃完香喷喷的手抛饼时，还没等周老师说话，她就满怀信心地说："爸爸妈妈，我知道日记应该写什么了。"正如周老师所预料的那样，女儿很轻松地完成了她的第一篇作文，思路清晰，语言也很通顺，更可喜的是，她还把他们交流中提到的比喻句也用上了。周老师根据她的内容，又送给了她几个好词，让她试着用到合适的语句中。她高高兴兴地接受了。当然，我们还可以在家做个菜，请孩子来观察。

女儿的第一篇作文受到了老师的好评，不但在班里读给同学听，还被推荐给《作文导报》。当女儿收到第一笔稿费时，兴奋得睡不着觉。从那以后，她信心十足地开始了崭新的"阅读与写作生活"。她更加热爱读书，也更加乐于写作。每次的写作题材都来自她的生活体验，事情或大或小，心情或喜或忧，只要是真实的感受，都会写得轻松自然。

周老师就是个很有心的家长，在孩子需要帮助的阶段了解他的需求，站在孩子身边给予了恰当的指导，让孩子勇敢地迈上新的台阶。

周老师的做法是不是很可取呢？孩子的写作离不开生活，空想不行，让孩子养成观察生活的习惯，积累生活素材很重要，建议您不妨跟孩子一起做件有趣的事——种豆子。

清明时节，跟孩子一起选豆子、泡豆子、种豆子。然后带着孩子每天观察豆子的变化，问孩子：它大小变了吗？形状变了吗？颜色变了吗？它的样子像什么？鼓励孩子展开丰富的想象，运用比喻、拟人等修辞方法把这些变化记录下来。您会发现孩子每天都充满期待与惊喜，小豆子引发了孩子无限的遐想。在孩子眼中，一粒粒豆子仿佛有了生命，长出"头发"、伸出"胳膊"，变成了一个个灵动的娃娃，他们丰富的想象力会令您惊叹

不已。

养蚕也是一件很有趣的事！4月初，您可以跟孩子一起开始养蚕，让孩子亲自饲养、观察、记录蚕的成长变化过程。蚕蚁从一个小黑点，一点点长大，一次次蜕变，到精彩结茧，最后破茧成蝶，整个过程将近一个月，您会发现孩子不仅收获了养蚕的知识，写作兴趣还提高了，在培养坚持不懈的品质的同时，更懂得了痛苦蜕变的意义，这会是一次有意义的尝试！种豆、养蚕是不是给了您一些启发。其实，生活中处处都有可观察的内容：花开花落，刮风下雨，读书游戏洗衣做饭……您慢慢就会发现生活就是作文，写作一点儿都不难。在指导孩子观察与写作文的过程中，您还拉近了与孩子的关系，使孩子更加热爱生活了！

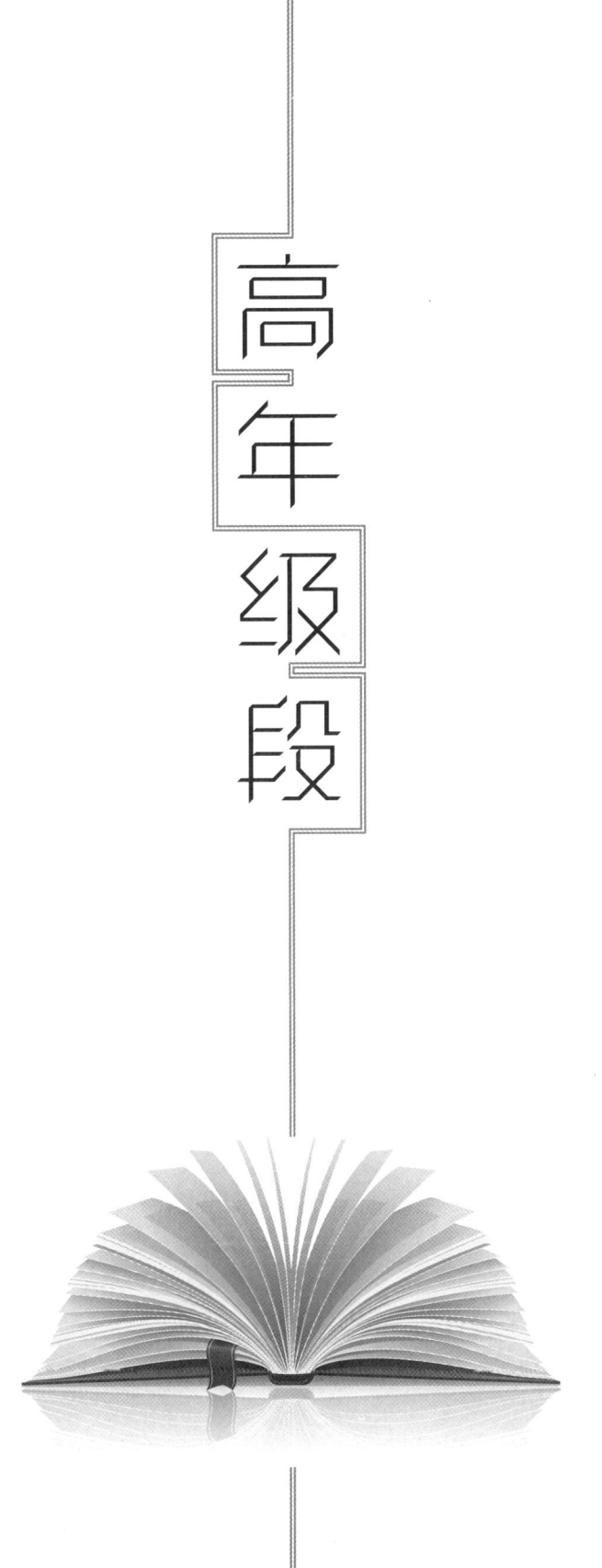

高年级段

男孩子缺乏阳刚之气怎么办?

案 例

强强是一名五年级的男生,平时性格内向、腼腆,说话细声细语。在班里经常跟女生一起玩儿,对男孩子的活动不感兴趣,平时的行为举止也偏向女生。班主任老师布置给强强的班级工作他也常常推诿,不愿意去承担。有时候犯错误,老师一批评就哭,喜欢把责任推卸到别人的身上,完全不像个小男子汉。家长针对这个问题也跟老师进行了多次沟通,但效果不太明显。

目前,确实有很多男孩子缺乏这种阳刚气质。到高年级时更为明显,言行举止扭捏,不大方;缺乏担当精神和责任感;男生变得中性化甚至女性化,没有男孩子应该具备的阳刚之气。这也是让家长们很挠头的一件事情。我们共同来分析一下:如何培养男孩子的阳刚之气呢?我觉得最关键是父母的影响,尤其是爸爸对孩子的陪伴与身教至关重要。因为男人的勇敢与果断、责任与担当更多时候是妈妈所不能给予的。跟大家分享几个我儿子跟他爸爸之间的小故事,希望能给您带来启发。

言传身教——给他影响。儿子学前班老师给他写的评语中,提及最多的词语就是"你是个乐于助人的小伙子"。爸爸看到这样的评语,越发坚

信言传身教对孩子成长的意义。记得我们带儿子去北京他二叔家，在服务区休息的时候，爸爸看到一位司机因为汽车电瓶没电而无计可施，主动上前问需不需要帮助。那位司机仿佛遇到了救星一样说需要。爸爸开车过去，拿出后备厢常备的电瓶搭线，把对方的车打着了。等我们回来的时候，儿子兴冲冲告诉他爸爸："爸爸，我和妈妈都觉得您乐于助人，是个好男人！"爸爸笑了。我想，儿子一定是知道了爸爸的"助人为乐"是男人的表现。后来，爸爸和儿子去野生动物园玩儿，又在停车场看到一辆因电瓶没电的小轿车，司机打开引擎盖正在发愁。还没等爸爸说话，就听儿子大叫道："爸，我们去帮帮他！"这次他成了爸爸的助手，从后备厢取出电瓶搭线，他们俩共同去帮助别人。后来想想爸爸的行为已经潜移默化地影响了儿子。助人为乐是男子汉阳刚之气里面的一份温情！

生活起居——给他机会。记得儿子3岁的时候，有一次爸爸带他去超市采购。结完账，装了两大袋子物品，爸爸特意把一小箱牛奶留着没装，然后对他说："儿子，爸爸一手提一袋子，这箱牛奶怎么办啊？"儿子看看爸爸手里提着的购物袋，又看看地上放着的那箱牛奶，说："爸爸，我帮您搬呗。"爸爸马上送上了肯定的话语："好儿子，像个男子汉，但不是帮我搬，而是作为男子汉就应该搬！"说着，他搬起那箱牛奶，阔步走在爸爸前面，从他的背影可以看出，他很乐意做这件"男子汉"应该做的事情。可没走多远，他就放下牛奶，甩着胳膊对爸爸说："爸爸，太沉了！我不想搬了。"爸爸微笑着说："嗯，这箱牛奶对于你来说是有点儿沉，但你既然答应帮爸爸搬，就要坚持到底，累了可以休息，但作为男子汉绝不能轻易放弃。"他点点头，又搬起了牛奶继续走，从超市到停车场他休息了3次，但再也没有说"不想搬了"这样的话。当把牛奶放到车上的时候，他长长出了一口气："累死我了，终于到了。"但从他的表情能看出，对于自己的坚持他很有成就感。现在儿子长大了，基本养成了分担事情的习惯。每次全家行动，都要征求他的意见，并且分给他必须完成的任务。他完成任务之后，还能主动帮助我们，如：外出旅行时，主动帮我们办理酒店入住、搬运行李，而且还对我说："这是男人做的事情，女士休息吧！"很小的日常事，稚嫩可爱的话语，透出儿子内心的那份责任和男子汉的气概。给他机会，就是给他做的机会，也是给他肯定的机会。让他肯定自己是个响当当的男子汉！

男人运动——带他体验。爸爸很喜欢户外越野，也经常带着儿子去体验越野带给人的刺激和征服感。每次带着他穿越大山，通过沟壑，涉过浅滩，冲上陡坡，他都兴奋得不得了。记得有一次爸爸带他去越野胜地老掌沟露营。在一个名为"传奇大坡"的坡底，爸爸问他："敢不敢跟老爸一起开车冲上去，征服这个陡坡？"他说："好啊，去！"于是爸爸带他上车，挂上四驱，随着发动机的轰鸣，他们一起冲上了大坡。在车开到坡头的那一刻，只能看到天空，车身在坡上将近40°的角度，爸爸问他："怕不怕？"他激动地说："不怕，太刺激了，我们再来一次吧！"伴随着这样的体验，儿子内心涌现出的征服感和自信尤为强烈，每次出去遇到路上的险阻，他都会坚定地对爸爸说："爸，冲过去，征服它！"爸爸觉得，对男孩子阳刚之气的培养越早越好，从日常生活中的小事着手，多安排男人的运动和实践活动，带着孩子一起去磨炼。在磨炼中，让他体会男人的阳刚之气，体会自信、坚强、勇敢、果断、大方、关爱等男性所应具备的突出的、优秀的品性。

孩子痴迷于读书无法自控怎么办?

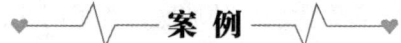
案 例

召开家长会时,我正在讲述如何培养孩子的阅读兴趣。这时,一位家长提出他的女儿小青痴迷于读书,以至于无法自控。每晚家长都要检查孩子是否又躲在被子里偷偷看书。他知道孩子爱读书是好事,但又怕影响孩子身体和第二天的听讲效果,几次没收孩子正在阅读的书,也曾有段时间不给孩子买书。但孩子或向同学借书,或把读过的书反复阅读,总也停不下来。他为此十分苦恼。

不知您是否也有过这样的困扰?其实不必担忧,应为此而高兴和自豪。孩子的阅读兴趣如此浓厚,是家庭教育和学校教育的成功。一个人想学有所成,一个重要的法宝就是让读书成为习惯,这将使孩子受益终身。只不过孩子现在还不会控制自己,需要将孩子的注意力逐步引向深入,您可以尝试下面的方法。

一、开设"家庭讲堂"

在我们学校,各班都有自己的"小小讲堂",比如,我校四年级学生崔昊从一年级起,就利用每周四晨读时间为大家开设"小崔讲堂",讲解国学知识、名人小故事。五年级李泽的"厚重小讲堂"依据一个个汉字,从字形来源演变,讲到做人的品质。这些形式都很好地将读书进行了转化,使他们不仅将精力放在了读书上，还放在了讲书上！在您的家里也可以开设类似的家庭讲堂，让孩子讲一讲读过的书。为此孩子就会对书中内容进行归纳，提出自己独到的见解。还可以排演"亲子小话剧"，让孩子更加深入地理解人物和故事中的道理。这样将读书与表达、读书与思考进行结合，也可以让眼睛得到适度休息，同时增进父母与子女间的感情，可谓一举多得。

二、读写结合

鼓励孩子写书评，将孩子的书评推荐到报刊上发表，或者为原著续写，或者给孩子一个新的目标——自己写一本书。通过阅读激发孩子写作的兴趣，将阅读与写作结合起来，转移孩子注意力，放慢阅读速度，转而让孩子学会深入思考，让阅读中的方法促进孩子写作能力的提高。

阅读是好事，但一定要保护好孩子的视力。您可以告诉孩子："保护眼睛就是保护你的阅读寿命。如果总是躺在被窝里看书或边吃饭边看书，就会影响视力，怎么读更多的书呀？"相信孩子为了多读书也会好好保护视力的。

总之，看喜欢的课外读物能提高孩子的学习积极性，使他们主动认知、主动吸收知识，并积极运用这些知识开动脑筋去思考问题、分析问题、解决问题，从而有效地培养和确立主体意识，使孩子从依赖型学习向主体型学习转变。您切不可因噎废食，禁止孩子读书。盼望这些爱读书的孩子，边读书边写作，边读书边思考，也许某一天读着读着、写着写着，就成了未来的文学家、史学家、科学家、哲学家……

孩子上课不爱发言怎么办?

案 例

一天,女儿的老师找到我说:"你闺女什么都挺好的,就是现在上课越来越不爱发言了,甚至有些走神儿,成绩也开始出现滑坡。"联想起女儿最近的作业、试卷,我也认识到了问题的严重性。说实话,我知道自己女儿文静羞涩,不善言谈,上课发言欠积极,可如今已经发展到上课走神儿,成绩下滑,看来必须要加以干预了。

于是,周末的一天下午,女儿写完作业,我找她谈心:"宝贝,你为什么上课不爱发言呢?"经过耐心询问,女儿终于吐露真言:"其实我会,但还是怕答错了同学笑话。"噢,我明白了。女儿是一个做事谨慎、追求完美、爱面子的孩子。凡事没有十足的把握不肯轻易发表见解,生怕答错了被别人笑话,于是就选择了隐藏自己。久而久之,习惯了这种逃避,养成了思维惰性,直至发展到心不在焉。这种上课不认真听讲的表现远比搞小动作、说闲话更具隐蔽性,对未来的影响更大。我决定先从打开孩子的心结入手。于是我和女儿促膝谈心:"孩子,你还记得我们学校的名言'说错了也要理直气壮'吗?""对呀!人无完人,答错了又怕什么?每堂课多少孩子还怕抢不着发言的机会呢!学习就是在不断的错误中前行的。我们甚至还要感谢错误,因为它使我们对知识点的印象更深。而且,一个人若想赢得别人的尊重，靠的是实力，逃避解决不了任何问题。自己的人生要自己把握，不能被别人左右。"接下来我们一起探讨了切实可行的办法。我和她约定好：①课堂上，每天记录自己举手的次数和发言的次数。②在每节课上至少有一次高质量的发言（这一点尤为重要）。何为高质量？不能仅仅是简单地读读书、计算或者重复别人的发言，一定是自己思考之后的具有独特想法的发言才行。比如：谈对课文的理解、解题的思路、质疑点、创新点等。③每天向妈妈反馈。放学后，我们母女二人都会进行如下谈话："今天你回答哪个问题了？"（而不是问回答了几次问题？）"嘿，你这个问题答得好，思维有层次，牛！""人物的理解准确、到位，我觉得还可以从这个角度上阐述……""哇，你今天居然答出了两个这么有水平的问题来，越来越聪明了！""今天老师又向我表扬你上课听讲认真，发言积极了！"……我故意夸大事实地表扬孩子，极大地激发了孩子的自信心。

　　一个学期后，女儿发生了很大变化，老师都说她和之前简直判若两人。当然，孩子上课不发言的原因很多。有的孩子纯属性格原因，天生内向，不管什么场合都不爱说话，我们也不必强求，要尊重孩子，只要孩子上课认真思考就行。有的孩子也许反应慢一些，答不上来，那也没关系，我们要勇于承认孩子间的差异，切不可急于求成，让我们静待花开。

　　总之，无论孩子是哪种情况，都离不开我们家长耐心地教育和沟通。我们相信，每个孩子都有自己绽放的那一天！

孩子乱花零用钱怎么办?

案 例

京京同学家庭条件比较好,养成了花钱大手大脚的坏习惯。进入高年级后身上总装着一二百元零花钱。看到自己喜欢的东西就一定要买下来,花钱从不算计。在好朋友东东生日时,他一下子就送了二百多元钱的马卡龙饼干。东东收也不是,不收也不是。后来京京发展到向家长要钱的次数越来越多,这时他的妈妈着急了,连忙找到我说:"老师,孩子乱花零用钱怎么办呢?"

孩子小的时候并不知道家里的钱是从哪里来的,看不到父母的辛苦付出。如果此时一味满足孩子要求,喜欢什么就买什么,要多少钱就给多少钱,慢慢地他们就会习惯花钱大手大脚,甚至用花钱来满足自己的虚荣心而不知道节制。要想改掉孩子的这个坏习惯,不妨试试下面的方法。

第一,公开家庭记账本。可以利用记账本或记账软件把家庭每月、每年的收支情况做一个记录,然后拿给孩子看,让孩子了解家庭经济收支情况,了解每笔钱的来源和去向。然后同孩子一起记录家庭一个月的收支情况,教给孩子记账的方法,同时增强孩子的家庭责任感。

第二,鼓励孩子自己记账。孩子掌握了记账方法后,让孩子自己设计一个小账本,每月根据孩子正常的需要确定零用钱的数额。孩子每花一笔钱就记录下来,然后每周末和孩子总结一下支出情况,分清哪些属于正常支出，哪些属于超支的部分。如果孩子一周没有乱花钱，可以适当调高零用钱数额作为奖励。

第三，在银行开设孩子专属账户。孩子四年级后就可以到银行开立自己的教育账户了。记得我的女儿一上四年级，我们就一起去银行开了第一个真正属于她的银行卡，存入了她过年时收到的压岁钱，并由她自己保管银行卡。一年后，我和女儿一起去银行取出了利息，她发现自己存的钱挣出了更多的钱十分兴奋，立刻要求我连同利息再次存入银行。

第四，学会货比三家。女儿生日时想买自己心仪已久的轮滑鞋，我先带她到附近商场挑选，发现质量好些的都要三百多元。于是我建议她先选好品牌和样子，回家上网比较后再买。开始女儿因为我没有满足她的愿望有些不高兴，但等上网一看后她自己惊叹道："网上同样的轮滑鞋要比商场便宜一百多元，还免费送到家，太划算了！"从此，她每次再想要什么东西，一定要货比三家后再选择最经济划算的。

第五，让钱用得有意义。大多数学校会举办"跳蚤市场"活动，鼓励孩子们把自己家中的闲置物品进行义卖，挣的钱全部捐献给希望小学的孩子。女儿有次卖了50元，当拿到捐献证书时她感慨地说："没想到这些平时没用的东西还可以卖这么多钱来帮助其他小朋友。但是我买这些东西花的钱更多，以后如果不乱买，省下来的钱不就可以帮助更多小朋友了吗？"从此，她更舍不得乱花钱了，用节约下来的零用钱支付自己每月的餐费，在爷爷奶奶过生日时给他们买礼物。我参加教师支教时，她还用自己攒下的钱买了文具托我转给山区的小朋友……而这些做法也让她获得了更多的成就感，也学会了如何让自己的零用钱花得有意义。孩子的零用钱看似在家庭支出中微不足道，但教育无小事。正确引导孩子花好零用钱，其实就是在进行中国孩子最缺失的"财商"教育。让孩子从小培养起量入为出的理财意识，在进行消费的同时会考虑自己未来的花销和长期的规划，增强自己的投资意识，这种好习惯一旦养成，终身受益。

家长辅导不了孩子的学习怎么办?

案 例

　　我曾经收到过学生小立爸爸的一封来信,这位父亲在信中说:孩子自从升入五年级,以后所学的知识难度明显增加。以前,孩子在学习上有什么不懂的地方,自己还能给予解答。但是最近越来越发现,孩子的题目中,许多自己解答不了了,尤其是英语更是无从下手。小立的爸爸非常惶恐,担心自己不能辅导孩子的学习,不能给孩子的学习以帮助,会影响孩子学习成绩的进步,为此而忧心忡忡。

　　应该说,小立爸爸的困惑带有一定的普遍性。这种情况对大多数家长而言,只是一个时间早晚的问题。从小学到中学,再到大学,我们都不可能一直辅导孩子的学习。一个成绩优秀、学有潜力的孩子,一定具有独立学习、独立克服困难的能力。也只有这样的孩子,才能在学习的道路上一往无前,走得更远。从这个角度来看,家长不能辅导孩子的学习未必不是一件好事。如果孩子在低年级的学习中已经培养了非常好的学习习惯,到了中高年级这个阶段,就应该是家长逐渐放手的时候了。让孩子渐渐意识到学习是自己的事情,遇到不会的问题应该想办法自己解决,让孩子尽早脱离对父母的依赖,养成自己独立学习的习惯。为了更好地完成这一过渡,不妨换个角度看待这个问题。

独立的孩子最自信。由于望子成龙心切，我们这些做家长的都理所当然地把自己当成了孩子的家庭老师，总是不由自主地对孩子的学习指手画脚，关心备至。而事实上，我们的这种关心对孩子的学习来说，并不见得是一件好事，反倒容易养成孩子的依赖心理。与其等到孩子的功课难度让自己的知识捉襟见肘，倒不如让自己尽早从家庭教师的岗位上引退，而成为孩子学习的助威者。建议在孩子遇到问题时，即使自己能够解答，也不要急于直接辅导孩子，应该鼓励孩子依靠自己的能力解决问题。可以跟孩子商定几个激励的小规则，如果孩子自己解决了问题，就给孩子一些奖励。通过这样的小手段，激发孩子克服困难的勇气，让孩子自己能够信心百倍地投入学习。

在孩子学习上遇到困难的时候，要教会孩子积极主动地去找人求助。老师、同学、邻居、朋友都可以成为求助的对象。在此给您讲个真实的事例。我班中的小华家庭条件不是很好，父母靠打工维持生活，每天起早贪黑，帮助孩子辅导功课根本没时间，也没那个能力，更没有多余的钱让小华上课外辅导班。面对这种情况，小华从来都是有问题自己解决，向身边的同学询问，向老师询问，每天都是把问题全部解决掉才离开学校。所以小华的学习成绩在班里很好。随着年龄的增长，让孩子学会主动学习才是解决问题的最好方法。所以家长应该鼓励孩子，遇到问题应及时向老师、同学求助。刚开始孩子可能会由于胆怯、害羞不敢启齿，这时候，家长应该尽快与老师沟通，我们一定会鼓励孩子大胆提问，会热情表扬会提问、敢提问的孩子，并且会及时关注孩子，主动询问孩子有什么学习困难，启发孩子及时寻求帮助，及时解决学习上的问题。并且老师会引导孩子在寻求帮助的过程中感受其中的成就感和快乐，渐渐地培养起孩子乐于提问、善于求助的能力。

钻研的孩子最优秀。随着孩子年级的升高和知识难度的增加，学习中遇到的困难也会越来越多，作业中能够轻易完成的题目也会越来越少，这

个时候就不能一遇到问题就去求助了。这个阶段的孩子，我们应该鼓励他们尝试着靠自己的钻研解决问题，去当别人的小老师，给别人帮助。可以提醒孩子，专心听讲、自读课本、查找资料等方法都是独立钻研的好助手，只有知难而进、肯于钻研的孩子才能在求学的路上走得更稳、走得更远。以英语听力为例，家长可以定时和学校任课老师取得联系，进行有效地沟通，配合老师，督促孩子完成在家的学习。也可以向英语老师要英语教学声音文件，督促孩子每天利用零散时间进行倾听，并跟读模仿。只有听的输入量够了，孩子才会很容易地说出、熟练地表达出自己想表达的内容。加强阅读也是非常有效的方法。家长可以和任课老师沟通后，给孩子选择一些适合孩子水平的原版阅读材料，学习原版中的经典表达方法，这样可以促进孩子更好地表达。孩子在听和读足够多的情况下，就能表达并写出心中的想法。从孩子入学的那天起，家长的角色也在不断转换着，从低年级时做孩子学习的陪伴者，到中年级时做孩子学习的协助者，再到高年级时做孩子学习的助威者。由此可见，其实优质的家庭辅导并不是知识上的讲解，而是习惯上的培养、心理上的鼓励和精神上的支持。

孩子知道的比家长多怎么办？

案 例

明明的妈妈发现自从孩子进入高年级后，他读的书、谈论的话题有些自己从来没听说过，与孩子的交流越来越困难。每次看到孩子失望的眼神，明明妈妈心里就非常难过，觉得孩子大了后比自己知道的多得多，想与孩子交流却力不从心，不知道该怎么办好。

正所谓"青出于蓝而胜于蓝"。其实上述案例中出现这种状况很正常，社会在进步，现在孩子的成长环境更加开放，也更加先进，他们接受的教育与父母小时候截然不同。而孩子又正处在对新鲜事物充满好奇、接受能力最强、思维最活跃的年龄阶段，知道的比父母多是一种必然，如同我们比我们的父母在有些事情上知道的多是一个道理。所以家长不必为此焦虑、难过。下面我讲一下我和女儿的故事，也许能给家长一点儿启发。

第一，真诚地肯定孩子。孩子知道的多恰恰证明他们喜欢学习，在学习中不断成长着。作为家长，应该为此感到骄傲，并把心中的感动真诚地说给孩子听。记得女儿升入六年级后迷上了《哈利·波特》这套书，天天给我讲里面的故事。我虽然也看过这套书，但是根本记不住里面错综复杂的人物关系，常常是她讲我听，根本插不上话。但每次听完我都会很认真地看着女儿说："我觉得你真是长大了，书里这么多人，这么多故事妈妈

都听糊涂了，你却记得清清楚楚，太了不起了！"我的夸奖极大地鼓励了孩子，从此每当她学到了什么新知识，读了什么新书都要说给我听听，我无一例外都真诚地肯定孩子："孩子，你懂得真多，妈妈都比不上你了，真是我的好姑娘！"这些欣赏的话语打动了孩子，她不但没有因为我听不懂而疏远我，反而非常乐意有我这样一位忠实的听众。

第二，拜孩子为师。女儿参加合唱团后常常回来在电脑上作曲，每当谱出一首新曲子就一定要与我分享。这时我立刻向孩子提出来自己也想学习电脑作曲的愿望。孩子非常乐意，耐心地一个小节一个小节地教我怎样根据拍子加入音符，怎样调整音乐风格。为了能抢出每天放学后教我作曲的时间，她常常在学校就抓紧时间完成作业，直到我能独立完成一首曲子为止。听着我并不成功的曲子，她竟然激动地紧紧搂住我说："老妈你也挺了不起的！"其实随着年龄的增长，我们家长的接受能力完全比不过孩子，但如果我们做父母的能看到自己的弱势，蹲下身子，虚心向孩子请教，一起做他们感兴趣的事情，一起谈论他们感兴趣的话题，何愁走不进孩子的世界，拉不近与他们的距离呢？

第三，关键时刻帮孩子一把。孩子毕竟是孩子，他们固然有超越成人的方面，但多数时候还是需要来自父母的帮助与指导。因此当孩子遇到困难时，我们做家长的要"该出手时就出手"。女儿有个同学知道她会编曲，有一天专门找到家里让女儿帮助她们把舞蹈演出的曲子在编曲软件中修改一下。女儿很快编完了曲子，但是保存后发现曲子的格式无法改成普通电脑能够读取的 MP3 格式。天已经很晚了，那位同学和女儿试了几次都无法成功改掉格式，不由得着急起来。我以前曾经使用过专门的格式修改软件，于是自告奋勇地通过网络查到了修改格式的方法，帮她们修改了音频格式。事后女儿佩服地说："真不愧是老妈，还是比我强。"

古人讲为师之道要"教学相长""弟子不必不如师，师不必贤于弟子"。其实为家长之道也应该是"孩子不必不如家长，家长不必能于孩子"。大人孩子都各有所长，也各有所短，平等对话、相互学习、共同成长才是最好的相处之道。

如何正确处理男女生之间的关系?

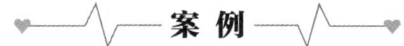

案 例

在五年级的一次校级公开课上，老师请全班同学起立，手拉手共唱一首歌。此时，奇怪的一幕发生了：很多男女生之间并没有直接将手拉在一起，而是羞涩地互相拽着彼此的衣袖，或是干脆将手缩进袖管里，只将袖口表面相接……

高年级的学生逐渐步入青春期，在与异性相处的问题上，无论是家长、老师还是孩子，都比较敏感。尤其对拉手等"亲昵"动作，学生们会表示十分尴尬。哪两个男女生之间多说了几句话，便会被同学们贴上"早恋"的标签，家长更是闻此色变。其实家长完全没必要对此恐慌，更不应盲目地批评指责，抑或简单粗暴地予以扼杀，因为这很容易伤到孩子的自尊心，轻者造成孩子的叛逆心理或恐惧心理，重者将会让孩子不会处理与异性之间的关系，为以后的恋爱、婚姻埋下隐患。

在我们看来，"早恋"并不是人生禁果，初恋的感情是世界上最纯洁的爱意，值得每一个人去珍惜。所以建议家长首先确认一下，孩子到底是真的恋爱了还是仅仅是对异性有好感。如果是后者，建议家长不妨这样做。

首先，告诉孩子这并不丢人。家长可以大大方方地跟孩子讲："这证明你处于正常的成长阶段，而且有丰富的情感体验，是一个感情充沛的孩

子。"

其次，适当表扬孩子。不妨对他说："你很善于发现他人的优点，我为你心有榜样而感到骄傲。"

再次，跟孩子讲明道理：其实男女生之间存在着真正的友谊，这都将是你人生的财富，不要刻意去回避。同时，也可以讲讲自己青春期与异性交往的经历，让孩子说出他的看法。但要注意，最好避免用"早恋"这样的字眼，因为这一时期他们的交往大多只是出于一种朦胧的爱慕心理。

最后，委婉地表明自己的期望：无论怎样请不要太多分心，希望你向他（她）学习，变得和他（她）一样优秀。当然，如果您的孩子真的恋爱了，也无须恐慌。建议试着用如下方式走近孩子。

第一，努力成为孩子的朋友。您不妨直接邀请孩子的男／女朋友到家做客，和孩子们一起玩耍，用家长的开明征服孩子及孩子的朋友。只要孩子不对家长设防，心事就会愿意与家长倾诉。此时，家长再用自己的经验和理解告诉他（她）您的观点，他（她）接受起来就会容易多了。

第二，和孩子开诚布公地讨论一些问题。首先，"你喜欢什么样的人？"从他们的回答中，家长能够具体了解他们的爱情取向。在这个过程中，家长也可以适当说说自己喜欢什么样的人，借机引导孩子的爱情观和价值观。其次，"什么样的人会被别人喜欢？"低中年级时，成绩好的孩子最受大家欢迎。到了高年级后，可能外表、气质等外在的因素也成了有利条件，所以具备吸引力的孩子，多是在某些方面比较突出的。最后，"你有什么特点呢？"外在相貌是先天给的，那我们努力的方向就只能是内在了，学习与品德就是内在最为重要的两个方面。

第三，与孩子讨论恋爱有没有错。告诉孩子，爱情是一件美好的事情，好的恋情可以让你充分证明自己，坏的恋情则会让你误入歧途，所以恋爱无所谓对错，而是在考验一个人在恋爱中的自我管理能力。它和学习一样，只是生活的一部分，而不是全部。如果你的爱情没有影响你的生活，没有

让你的学习退步，那么作为父母，我们不会反对。

我想家长的这番话会促使孩子像大人一样思考问题。其实，孩子们需要正常的异性接触，越是封闭，越是好奇，反倒越是容易出问题。让一件事情变得平常简单的方法就是让它经常出现在可以讨论的范围中而见怪不怪。在我们学校，校长会经常告诉孩子：人活得应该简单一点儿，想拉手就拉手，想配合就配合，随心所欲地去生活。学校还为此搭建了许多平台，如青春期讲座、戏剧节等，给孩子们提供了一个阳光下交流的机会，让他们能够正确认识异性、了解异性，缓解青春期的压力。也希望家长能充分信任孩子，成为他们青春期最可依赖的知心朋友。

父母在培养孩子方面意见不一致怎么办？

案 例

一天晚上，一位家长打来电话，无助地对我说："老师，孩子写作业磨蹭，一边玩一边写，字写得又乱、又慢，本来15分钟就能完成的作业，他1个小时还没写完。我这儿说他，他爸爸在一边却说：'不要太严了，他还小呢。'爷爷、奶奶也在一边敲锣说：'你们不能要求太高，他大了自然会好的。你们小的时候，还远远没有他好呢！'您看，这种情况，孩子怎么能听我的，我都要气死了。"

孩子的父母由于自身所处的家庭环境不一样，大家的教育理念、教育方法也都不会相同，因此，家中出现教育孩子意见不一致的情况很常见，也很正常。我举几个小例子，家长不妨试一下。

案例一：

天天的家住在筒子楼，筒子楼里的孩子很多，在楼道里经常看到别的孩子吃东西，遇到这样的情况，天天肯定也想吃。天天的妈妈就提前跟孩子打招呼说："在楼道中看到小朋友吃东西，不能在外面大喊大叫，回到家悄悄跟妈妈说，妈妈就会给你买。"一天，天天在外边看到有人吃西瓜，就立刻跑回家跟妈妈悄悄说："我想吃西瓜。"天天的妈妈听到后马上说："好孩子，你做得很对，妈妈一会儿就带你去买。"天天的爸爸听到后，

给妈妈使了个眼色。妈妈看到后，对天天说："你先去玩，一会儿妈妈带你去买。"妈妈将孩子支到了一边后，爸爸对妈妈说："你今天给她买什么都行，就是不能买西瓜。"妈妈听了后说："为什么呀？"爸爸说："别人吃了西瓜你就买了西瓜，那以后别人吃什么，她也要吃什么。今天你给她买的东西比西瓜贵我都没意见，就是不能买西瓜。"妈妈听后认为爸爸说得非常有道理，带着天天高高兴兴地去买了别的东西。天天虽没吃到西瓜，但得到了别的喜欢的东西，也没有不高兴。过了几天，妈妈为了弥补孩子，又给天天买了西瓜。

这个小例子启示我们：当爸爸妈妈教育孩子意见不一致时，不要急于争辩，要善于思考对方的想法有没有道理，谁对听谁的。

案例二：

现代家庭中都有电子产品，孩子喜欢玩电脑，玩 iPad。妈妈怕影响孩子的视力，让孩子玩的时间短，甚至不让玩。爸爸却说："玩会呗，玩着正高兴的时候你老扫兴。"遇到这样的情况，怎么办呢？是不是当着孩子面就争吵起来呢？面对这种情况，妈妈要忍住，先让孩子玩着。晚上，两人回到房间，妈妈再和爸爸理论："电脑玩的时间长了，不仅影响视力，还会影响学习。另外，不限制时间，他会沉迷游戏中，甚至会影响孩子的身心健康。"如此为孩子着想，爸爸一定会被说通。

案例三：

孩子刚做作业不到 10 分钟就又跑去吃东西了。妈妈严厉地批评后，孩子回到座位上，没做多长时间功课，又一扭身玩起了别的玩具。妈妈当然不能允许，大发雷霆。这时爸爸可以帮助儿子分析一下为什么妈妈发脾气，让孩子认识到自己的问题后，爸爸还可以带孩子去挑选一个喜欢的闹钟。在孩子以后学习的时候放在面前，并提前和孩子商量好，要在一个时间段内完成学习任务，让孩子学会和时间赛跑。

这些小例子启示我们：在教育孩子时，父母可以一个扮红脸，一个扮

白脸，但夫妻双方要提前沟通好。

　　总之，孩子再小也有思想。当父母两个人意见不一致时，孩子就会利用强势的一方压制另一方，会在成长的过程中钻空子，这样下去，孩子越大就会越难管。可见，面对孩子的问题，父母要像哼哈二将，想方设法达成共识。夫妻双方只要多沟通、多交流，孩子就不会有空子可钻，同时还能树立起父母在孩子心目中的威信。

孩子好心办"错事"怎么办？

六年级毕业典礼的最后一天，孩子们去逛街，有一个男同学兴冲冲地买了一大包臭豆腐。老师问他："买这么多臭豆腐干什么呀？"小男孩儿大声说："带给我妈的，我妈就好这口！"老师对他竖起了大拇指。等到了车站同学们下车后，班长例行检查车内有没有同学遗漏的物品，发现行李架上有一包臭豆腐。老师告诉班长："一定要把它交给那个男同学，孩子的一片孝心难得。"班长很快找到了这位男同学，把臭豆腐还给他，孩子喜笑颜开，很认真地把臭豆腐装进了自己的背包。望着孩子认真的神情，老师不由得想，当他的妈妈看到这一包自己喜欢吃的臭豆腐时，会是什么样的表现呢？

孩子年龄小，生活阅历浅，缺乏生活经验，难免在生活中犯很多错，办很多傻事。但是孩子的一颗童心、孝心是质朴可贵的。想想看，孩子看到了新鲜出锅的臭豆腐立刻想起了妈妈，想要妈妈也和自己一起享用美食。虽然不好携带，但是孩子想到了妈妈吃到这臭豆腐时的幸福表情，毫不犹豫地买了一大包臭豆腐。作为一个孩子，他不会想到，这么热的天气里，这臭豆腐没有真空包装，很容易变质。如果您是孩子妈妈，会怎么做呢？

您会是这样吗？儿子一进门就兴冲冲地掏出带回的臭豆腐，给妈妈品尝。可是一打开包装，一股异味就散发了出来，妈妈不由得皱起了眉头，大声说："这么热的天气，你也不买个真空包装的！你看，都变质了，臭死了！快扔了吧！真是浪费钱！"

您还是这样呢？妈妈看到儿子不辞辛苦带回的臭豆腐，感动得热泪盈眶，一把抱住了孩子，连声说谢谢。然后把变质的臭豆腐悄悄扔掉，再告诉儿子，他带回的臭豆腐好吃极了。但是这样还不够，还要让孩子从这件事中增长一些见识。过几天，妈妈带孩子去买东西，看到有卖不是真空包装的熟食就买一些回家，过两天后，让孩子去拆开包装装盘。儿子发现熟食已经变质了，这时妈妈再告诉孩子这一生活常识。

让我们也来设想一下，两个不同的妈妈，为她们的儿子带来了什么呢？第一位妈妈的儿子会扫兴地扔掉背了一路的臭豆腐，眼泪在眼眶里直打转。为了不再办错事，以后他不会再为妈妈带回什么礼物了。而第二个妈妈的儿子看到变质的食物时，一定会想起他带回的臭豆腐，他会理解妈妈的一片良苦用心，妈妈和儿子的心也会因这包变质的臭豆腐贴得更紧。类似的孩子好心办"错事"的现象一定还有许多，比如：孩子热情高涨地帮妈妈刷碗，结果打碎了碗；孩子偷偷地帮妈妈洗衣服，想给妈妈一个惊喜，结果却洗坏了妈妈昂贵的羊绒衫。每当这时，妈妈往往得面对哭笑不得的尴尬局面，但一定要悄悄忍住心中的懊恼，小心呵护好孩子们那颗纯真的心，孩子那颗小小的爱心、那份难能可贵的责任感就是在您给孩子的自由成长空间里发芽、破土、茁壮成长起来的。

孩子愿意自主学习、不愿意让家长管，怎么办?

案 例

今年，晓峰升入了五年级，最大的变化是每次写作业都愿意自己独立完成。可最近我发现晓峰的家庭作业完成得不太认真，学习成绩也在下降，就打通了孩子妈妈的电话。晓峰妈妈也很焦虑："孩子现在愿意自主学习，他不太愿意听我们的意见，作业从不让我看，您说怎么办呢?"

其实，孩子不让家长管学习，说明他已经有了独立思考的能力。愿意自主学习，这一点要表扬孩子。但如果学习效果不理想，则说明低中年级时孩子的学习习惯没有养成好，没有掌握自主学习的方法，这就需要我们从以下几个方面开始做起:

一、求助老师，教给孩子有效的学习方法

家长可以主动和老师沟通，把孩子自主学习中存在的问题和困惑告诉老师，让老师引导启发孩子，教孩子自主学习的方法，比如:语文学习可以建立语文梳理本，梳理每课知识点，做课堂笔记等。要和老师形成教育合力，一旦孩子的自主学习能力有了一些小进步，要配合老师及时表扬鼓励孩子。

二、让孩子知道家长存在的价值和重要性

当孩子的学习出现退步时，家长千万不要过分唠叨、训斥孩子，以免孩子逆反，不愿和家长沟通，要找一个机会，向孩子证明家长存在的价值，让孩子明白家长指导的重要性。可以尝试着陪孩子读一本书，与孩子交流读书的感受，让他感受家长看问题的角度，感受家长对问题的理解，从而让孩子从内心对家长产生敬佩之情，愿意倾听家长的建议。另外，建议家长积极参与孩子班里组织的活动，陪伴孩子成长，增强孩子对家长的信任感，帮助孩子树立在集体中的自信心。比如，学校开展戏剧节表演活动，家长完全可以发挥优势，或为孩子出谋划策，或为剧组设计服装，或帮助选取背景音乐，或帮助指导舞台表演等。如果家长还能亲自参与孩子的戏剧表演，则会让孩子更能体会到亲子戏剧表演的乐趣，获得更快乐的成长体验。当孩子与父母的心贴近以后，不妨试着和孩子共同设定"学习小目标"，并要主动和孩子沟通，当孩子遇到学习上的困惑时，要及时发现问题，并有效地给予点拨指导。当孩子实现学习小目标时，要及时鼓励，分享他成功的快乐，成为孩子阶段性学习的见证人和陪伴者。

这样既能给孩子独立的学习空间，培养孩子的学习责任感，又能发挥家长积极有效的指导作用，相信孩子一定能够在和谐的教育氛围中快乐健康地成长。

孩子做事磨蹭怎么办?

案 例

　　一提起小可每天写作业，他的妈妈就皱起了眉头："每天催孩子写作业都像是打仗。从一放学回到家就开始督促他写作业，可是他一会儿要喝水，一会儿要上厕所，一会儿又要吃东西……好不容易坐到了桌前摊开了作业本，写了没多长时间他又翻起了课外书，或者玩起了尺子、橡皮。批评他，他还会发脾气。每天都是熬到十点多，困得不行了，他才匆匆忙忙把作业糊弄完，这可怎么办啊?"

　　回想起小可每次上交的作业，我完全可以想象出每晚小可和妈妈"斗争"的场景。通过和小可的交谈，我发现小可不是没有责任心和上进心，他很想抓紧时间把作业做好，可是又管不住自己。于是我想，如果能借助一些外力来帮他管理，事情不就迎刃而解了吗? 因此，我给了小可妈妈这样几点建议。

一、理解孩子，消除抵触情绪

　　孩子一写作业，妈妈就在一边催促，往往会让孩子反感和抵触，效果会适得其反。不如先肯定孩子的责任心和上进心，激起孩子的荣誉感和得到认可的满足感。在此基础上，再指出孩子的作业中存在的问题，一起想办法解决。

二、感动孩子，营造学习气氛

试问孩子在写作业时您在做些什么？如果您一边看电视一边催促孩子："写快点儿，别磨蹭。"相信孩子心里肯定不服气。建议在孩子独立完成作业时，静静地陪伴在孩子身边看书学习，营造浓厚的家庭学习气氛，让孩子的心态平和下来，全神贯注地写作业。变唠叨为行动，偶尔可以送一杯牛奶或果汁悄悄放下离开，让孩子感到温暖。无论孩子多晚入睡，都陪伴到最后一刻，相信家长工作一天后的整晚陪伴和贴心的照顾会感动孩子。孩子也自会体谅家长的辛苦付出，主动提高效率。

三、信任孩子，克服磨蹭习惯

对于孩子的保证和决心，家长一定要小心呵护，加以肯定。但我们也要认识到以孩子目前的能力，要实现这个目标还是有一定困难的。这时可以以商量的口吻给孩子提几个建议，千万不能让孩子感觉这是父母对他的不信任。比如：和孩子一起收拾书桌，将可能会打扰孩子学习的物品、书籍等暂时拿走，创造一个适合认真学习的环境；和孩子一起绘制一个完成作业记录表，记录每天完成作业的时间。对孩子的合理要求，如喝水、上厕所、吃东西等要支持，但要控制好时间。比如定好闹钟上厕所十分钟，吃东西、喝水十分钟，以此来强化孩子的时间观念。

四、解放孩子，享受高效乐趣

提醒家长还要注意的是，不要把孩子的课余时间都占满。我曾亲耳听到有的孩子说："我才不在学校写完作业呢，不然回家我妈又会给我留一堆的作业。"听到孩子这样说，真的让人痛心和无奈。对于学有余力的孩子，家长给孩子布置一些学习任务的确是有必要的。但是对量的把握一定要适度，一定要给孩子留出一些时间来自由支配。这样，孩子才会产生抓紧完成学习任务的动力，才能有效调动起孩子完成作业的主动性和积极性。

后来，小可的妈妈这样做了，并坚持了下来，小可的作业果然有了很喜人的进步。

　　各位家长，世界上没有一种教育方法是绝对有效的，每个孩子都是千差万别的。也许有的孩子在这样的督促下真的能够改掉磨蹭的习惯，但更多的孩子会是管一管好一好，稍一放松就会故态复萌。这并不是说我们的方法有问题，也不能说孩子不可救药，它只是提醒我们，要坚持坚持再坚持。再好的方法，也需要长期的坚持才会真正见到实效，一旦中断，就会前功尽弃。

如何让孩子阅读经典名著?

案 例

　　小童迷上了《盗墓笔记》，连上厕所都不忘看几眼。妈妈觉得这样的书没有营养，给儿子讲起了大道理："童童，选择书籍要考虑它的文学性、知识性。这样的书籍才有阅读价值。"小童嘴一撇，不以为然地说："开卷有益，都是书，怎会没有营养? 这故事情节多吸引人! 名著我也看不懂啊! 你们要是逼我看那些书，我宁可不看!"妈妈被噎得一句话也说不出。

　　孩子选择阅读流行类书籍是一件很正常的事情。流行文学以其新奇、紧张、刺激的特点吸引着很多读者。阅读这样的文字可以使我们紧张的情绪得到放松，压力得到缓解。所以，小童爱看这类书籍是无可厚非的。而且如果我有小童这样的学生，我会非常骄傲! 爱读书是多么重要的好习惯! 虽然小童在书目的选择上有待引导，但是只要我们对他进行正确的指导，孩子会体会到经典的魅力。但是，正如小童妈妈所言：流行文学就好比是口香糖，嚼一遍你可能觉得有意思，但这滋味却随着年纪的增长越嚼越淡，直至味同嚼蜡。而名著则犹如绍兴老酒，随着岁月的不断积累，会变得愈发醇厚，令人回味无穷。我们的孩子不是非要将经典名著拒之门外，而是因为不了解、不熟悉，感觉那些文学作品太深奥、太厚重、无从下手才会避而远之。如果我们能够让经典名著也变得鲜活、有意思起来，孩子

们就一定会亲近经典。你不妨按下面的方式引导孩子走近经典。

一、创设经典阅读环境

阅读的环境不仅仅有一个安静的氛围，还应该是一个带着书香的地方。可以让经典名著充满您家的角落，让孩子能够随处阅读、随时阅读，同时让那些通俗书籍逐渐退出主流舞台。好奇心是一把最神奇的探索钥匙，孩子们每天见到的都是经典，一定会怀着好奇心拿起书翻看的。

二、搭建台阶，培养兴趣

当孩子不愿意捧读名著时，爸爸妈妈也不用着急，可以尝试带着孩子有选择地观看电影、电视剧、话剧。这些更加直观的视觉刺激会激发孩子的阅读兴趣。有的老师先组织孩子们观看电影《烈火中永生》，然后和学生一起阅读《红岩》，学生对经典一下子就爱不释手了。

三、同读共赏经典书籍

我们学校一直提倡每个周末，父母要拿出半天时间进行亲子阅读，爸爸妈妈可以利用这半天和孩子一起同读共赏经典著作。当和孩子一起捧起同一本书的时候，孩子一定会特别自豪：我都可以和我的父母读一样的书了！这份自豪就是推动孩子读书的动力。当一本经典读完，可以和孩子坐下来，不是去指导他该如何阅读，而是如朋友一般，聊一聊各自对经典的理解。这期间不存在对错，只有互相的观点阐述。当这份尊重植根于孩子的内心后，家长不仅仅已经潜移默化地将自己对经典的深刻理解传递给了孩子，还点燃了孩子对经典的喜爱之情。如果父母有时间，一家人当然还可以进行家庭阅读展演，重现经典，让孩子在趣味活动中感悟经典。相信通过我们的努力，孩子们会将经典著作作为自己的主流阅读内容的。

如何进行语文基础知识的积累？

朋友的孩子小祥上学了，每天很忙碌，回家不是读书就是把一些好词好句抄到本子上。可就是这样每天抄词、背诵名言警句，孩子在测试中还是会丢很多分。朋友不明白，为什么孩子每天都搞得很疲惫，积累了那么多内容，却还是有很多的知识漏洞。他为此很是苦恼！

不知道您是不是也遇到了这样的问题。不过，如果遇到了，千万不要着急。您应该很骄傲，因为您有一个特别爱学习、爱积累的孩子！出现这样的问题，是因为这些重复、机械的作业对于基础知识的积累和掌握并不会有太大的帮助。我们学校有这样的一种积累作业，既能够调动孩子积累知识的兴趣，又能帮助孩子将知识很好地进行梳理，您不妨试一试。

兴趣是最好的老师。孩子有了兴趣就愿意去做，就会投入自己的精力，做起来也会更专注，达到的效果也就更好了。我们的假期实践性作业就是基于孩子们的兴趣创设的。激发孩子们的兴趣，最主要的是要适合孩子的情况，所以我们将作业进行了分层。让作业变成有梯度的自主园地，孩子们可以根据自身的情况进行自主选择。那么孩子们可以选择哪些内容呢？其实，语文课余作业可选择的内容是非常宽泛的，几乎涉及了语文学习的所有内容。孩子们既可以摘录好词好句，也可以把听写中错过的词写一写，

标出易错笔画，还可以分析文中的重点语句，或者把作家作品以自己喜欢的方式进行归类。在孩子初读课文后，可以写一写自己对文章的理解。学习文章后，可以对自己的理解进行补充和修改。同学上课时的精彩发言、碰撞时闪过的思维火花、一篇文章学习完后学到的好方法和掌握的新技巧，都可以是孩子作业的素材。形式上，既可以是文字方面的抄录，也可以做小老师给自己出试卷，进行练习。或用一首小诗甚至一幅画去表达自己的理解和感受。还可以以内容、文章的写作特点、文章主题为线索，从多角度为本课做思维导图。经过这样的自主梳理和归类，孩子们建立了基础知识之间的联系，最终能触类旁通，能围绕一个知识点积累更多知识，形成知识网、知识树，从而能更加灵活地运用知识。

总之，要让这些复杂的知识点，在孩子自己的梳理下逐渐系统起来，才能激发他们的兴趣。因为孩子是学习的主人，要充分发挥孩子学习的自主性，让他们在自主选择、自主设计中去不断探索适合自己学习的方法，这样才能达到良好的学习效果。孩子自己最清楚什么样的学习能满足自己的需要，最清楚自己想知道什么，也最清楚自己不懂的地方，自主梳理可以使孩子们对学习进行及时调整，不断改进学习方法。另外，语文学习是动态的螺旋上升的过程，同时孩子的作业也是可以不断完善和补充的动态作业。家长可以尝试让孩子自主设计和完成这样的积累作业，这样既可以提高孩子的学习兴趣，又可以让孩子从不同角度、用不同方式对语文基础知识进行有效积累。

孩子学习负担重、压力大怎么办?

案 例

期末检测前，我在电梯里见到了两对母子，他们的谈话引起了我的注意。一位母亲轻轻抚摸着孩子的头嘱咐道："孩子，考试别紧张，认真答题，相信你一定会取得满意的成绩！"孩子听了妈妈的话微笑着点点头，我也被母子间温馨的画面感动着。电梯门打开了，另一位母亲边拉着孩子的衣袖边催促着："快点儿，快点儿，别磨蹭了，要迟到了！"孩子埋怨道："还不都是你，让我复习到那么晚！"我不禁为这个孩子今天的考试感到担忧。

每个孩子都希望在考试中取得好成绩，考试前夕感到紧张有压力是很正常的，这正是孩子有责任心的体现，家长朋友应该感到欣慰。作为家长该怎么做才能帮孩子减轻压力呢?

首先，建议与孩子像朋友般地交流，帮助孩子正视压力问题。家长可以与孩子聊天：有压力是很正常的，感到压力说明你很好强，有上进心，你已经长大了，是个有责任心的人，我们为你感到骄傲！还要告诉孩子每个人一生中随时都会面临压力：学生时代有学习考试的压力；长大后工作中也会面临压力；生活中更会时时有压力。当你遇到压力时不要着急，只要能正确面对，压力就会变成动力和勇气！另外，还要跟孩子讲，当我们面对困难和压力时一定不要退缩，要努力战胜它。有时努力了也没能成功，

这也是很正常的，不要气馁，因为失败往往是人生中宝贵的财富，不用总想着争第一，只要努力做最好的自己就行！我想，听到家长这些语重心长的话语，孩子一定会感到宽慰，对家长更加信任。

其次，走进大自然，拥抱大自然，也是很好的减压方法。周末抽出时间带着孩子一起去骑车、放风筝、郊游、打球，让孩子得到暂时的放松，缓解疲劳，释放压力，调节情绪。寒暑假带着孩子到各地去旅游，读万卷书行万里路，在放松心情的同时也让孩子开阔了眼界，增长了知识，可谓是一举多得！

为了缓解学生考试的压力，我们学校有妙招。5月，五年级迎接市教学质量监测。那天，孩子们坐在教室里紧张地等待着监测的到来，气氛紧张而凝重。校长面带微笑步伐轻盈地走进一间间教室，亲切问候孩子们："孩子们，不用紧张，踏实答卷，努力写上每一个字，认真写好每个字，你就是我们学校最好的孩子，有信心吗？""有！"孩子们异口同声地回答，校长继续鼓励孩子们："努力吧，宝贝儿们！为了奖励你们，咱们期末就不再考试啦！"教室里立刻传出了孩子们一阵阵热烈的欢呼声。接着，校长走到孩子们身边，摸摸这个孩子的头，握握那个孩子的手，还送去一个个拥抱，瞬间驱散了紧张的气氛。多么智慧的校长！

一个会心的微笑、一句鼓励的话语、一个温暖的拥抱，都会起到缓解压力的作用。不知这些举措是否给您带来了启发与思考？希望我们每个家长都充满智慧，做孩子人生路上的忠实伴侣，陪伴孩子幸福成长。

孩子不会合理安排时间怎么办？

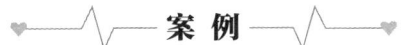

案 例

　　成成放学回家，妈妈就问他今天老师留的作业多不多，成成告诉妈妈一点儿都不多，于是成成就等着妈妈做饭。吃完饭后，又想歇会儿，就开始看动画片。近8点才开始写作业，写一会儿起来溜达溜达，喝点儿水，东看西看，就这样写了好半天，直到快睡了才想起来老师还要求进行阅读。一听到这儿妈妈特别恼火："每天都这样，作业不多还不早点儿写？你看都快到10点了，还有这么多事情没有做！"成成被妈妈训得很难受，掉下了眼泪。

　　孩子没有在限定的时间内完成任务，做事效率低，是让家长头疼的事情，反复说教讲道理似乎成效也不大。该怎样做才能让孩子合理安排时间，养成好习惯呢？各位家长不妨试一试下面的方法。

一、设置小闹钟

　　孩子写作业时，给他书桌上放个小闹钟，设置定时响铃。在这期间，陪伴在孩子身边，让孩子不做其他事情只专注做一件事，比如阅读、写作业。闹铃响后，和孩子一起总结一下这段时间做了多少事情。孩子回过头来看时，发现原来自己聚精会神可以读这么多页书！可以一口气写这么多作业！孩子很有成就感，一旦建立了自信，一定会说："我能行！"

二、帮助做计划

可以在家中给孩子准备一块小黑板，或者准备一张大点的纸张，让孩子把当天要完成的事情逐项按次序写在上面，并根据任务计划每项大概需要多长时间完成，标注在后面。每当孩子完成一项画"V"，如果比预定时间少就给画个"☆"。孩子一旦能在规定时间内完成任务，激励措施就马上跟上。

三、抓生活契机

曾经有个四年级的小男孩也有写作业、做事情"磨洋工"的问题。一次妈妈带他去接当医生的姑姑，恰巧姑姑接诊了一个急诊病人，孩子目睹了姑姑和当班医生争分夺秒抢救病人的情景，触动特别大，深深意识到时间对于生命的宝贵。自此后，孩子总是用"时间就是生命"来激励自己，在妈妈的陪伴下进步特别大。每个孩子成长中都需要一个合适的契机去自我反省、自我教育。一旦那个契机对了，自我教育的内驱动力是很强大的。

四、实地参观体验

时间的概念在小孩子眼里还是很抽象的，"纸上得来终觉浅，绝知此事要躬行"。有条件的家长可以带孩子到工厂去参观，比如参观印刷厂，让孩子看看在一分钟内，流水线上的工人和机器配合能印刷多少张纸，这些纸能订多少本书，算一算产生多少经济效益。孩子在实践体验活动中获得的教育要比天天在孩子耳边唠叨要见效快。

我们说聚精会神是讲效率，计划得当是讲效率，做事动作快是讲效率，有条理也是讲效率。孩子在学习上不能合理安排时间，有时候在生活上也会有同样的问题。日常生活中，家长朋友们在孩子承担任务时，要有意识地进行训练，相信陪着孩子这样坚持一段时间后再慢慢放手，一定会有成效的。

孩子偏科怎么办？

案 例

　　小晖从小就酷爱读书，语言能力非常强，对语文学习情有独钟，成绩非常好，自己还写小说。但是数学成绩一塌糊涂，每次一让他做数学题他就说头疼，找各种理由逃避，实在逃不过去了，就糊弄。上数学课他也不注意听讲，有时还在数学课上看课外书。小晖出现了明显的偏科现象。

　　孩子出现了偏科的现象家长会非常着急，因为我们都希望孩子能全面均衡发展。但是每个孩子的个性特点不同、学习环境不同、学习方法不同，所以产生偏科的原因也会各不相同。因此家长要细心观察，和孩子耐心沟通，了解孩子的真实想法，根据情况进行引导。不妨试试下面的方法。

　　一、谈名人轶事，树立信心

　　当发现孩子出现偏科的情况后，可以和孩子聊一聊，列举他喜欢的学科名人的例子。像著名台湾作家三毛从小就酷爱读书和写作，不喜欢数学，但最终成为著名作家。韩寒在学生时代体育和语文学科非常出色，但其他学科成绩都不理想，他不断努力，现在是作家、导演和职业赛车手。通过这些事例让孩子对自己充满自信，不因自己偏科而对自己丧失信心。

　　二、谈亲身经历，培养兴趣

　　家长也可以以自己的亲身经历或朋友身边的事例，激发孩子对不喜欢

的学科的兴趣。记得在我上中学的时候，不喜欢历史，一度历史成绩不达标，爸爸为了激发我对历史学习的兴趣，经常给我讲一些历史故事，如秦始皇统一中国、成吉思汗远征欧洲等，还带我看电影《火烧圆明园》，从那以后我感觉到历史的厚重，历史与事件相连，历史不是死记硬背。最终我的历史成绩达到了优秀。所以说兴趣是最好的老师。德国著名哲学家歌德也曾说："没有兴趣，就没有好的记忆。"有了兴趣，才有克服困难的勇气和毅力。因此，我们要有意识地培养孩子对偏弱学科的学习兴趣。

三、谈正反事例，自我矫正

家长还可以通过正反两方面举例，引导孩子自我矫正。丽丽的父亲是一名政府机关秘书，文采特别好，受父亲遗传因素和言传身教的影响，丽丽从小就特别喜欢写作，从一年级开始，她一直参加"春蕾杯"作文竞赛，连续五年获全国一等奖。丽丽平时的习作总被老师拿来当范文在全班范读。她对写作如醉如痴。升入初中后，丽丽的目标进一步明确，考某著名高校心理学系。但是大家不知道，丽丽有一个致命的弱项，从小到大，她对数学缺少像写作那样的灵气，每次考试都在七八十分。如果要升入名牌大学的热门院系，就必须各科学习成绩均衡发展。临近高考最后一年，丽丽面前有两条路可以走，要么放弃名牌大学就读普通院校的心仪专业，要么迎难而上，对数学有所突破。丽丽毫不犹豫地选择了后者，将近十年的数学高考真题认认真真地做了一遍。通过最后一搏，丽丽把自己的弱项补齐了，走进了她梦寐以求的那所高校，如今她正在理想的道路上一路前行。在丽丽身上您是否看到了目标的力量？让孩子找到前行的目标，是孩子提高偏弱学科的动力。

轩轩的数学和语文成绩都非常好，但英语成绩一直不理想。英语学习需要勤快，背记的知识比较多，但轩轩比较懒惰，不愿意背单词，英语学科成了他薄弱的学科。因为没有打好基础，所以到了初中、高中英语也一直是他最头疼的学科。高考的时候，也是因为英语成绩拖后腿，没有考上理想的大学。到了大学时，过大学英语四、六级都非常困难，想出国考托福也没有通过，最后遗憾终身。

四、循序渐进，体验成功

如果孩子对偏弱学科产生了恐惧和排斥心理，成绩也就会越来越下降。家长不妨试一试下面的做法。开始的时候，退回到原点，让孩子从简单的题目做起，对孩子在学习过程中遇到的问题不是要他一下会做，而是一步一步地启发，尽量让他能够运用所学的知识解决问题。等孩子能够做出一些简单的题目时就不断地鼓励他："你不是很聪明的嘛！""只要肯动脑，数学对你来说一点儿也不难"……这样，由于做对了一些题目，孩子有了信心，更重要的是，在这样的过程中，孩子对数学中的一些概念熟了，基础巩固了，能力就会不断提高。通过这样坚持不懈地努力，有了成功的体验，孩子对学好这个学科的信心也就会不断增强。

木桶原理告诉我们：水桶盛水多少，并不取决于桶壁上最高的那块木块，而恰恰取决于桶壁上最短的那块。只有桶壁上的所有木板都足够高，那水桶才能盛满水。只要这个水桶有一块木块不够高度，水桶里的水就不可能是满的。您要告诉孩子，每个学科的学习都非常重要，偏弱学科的成绩，决定着整体的学习水平。所以偏弱的学科也不要放弃，不追求高分，但也要努力学习，掌握最基础的知识和技能。同时家长也要放平心态，不急躁，不强迫孩子学习，以免造成更多的压力。家长要努力做孩子的学伴，陪着孩子共同成长。

如何培养孩子的责任感？

案 例

学校组织六年级学生与一年级小朋友开展"大手拉小手"活动。六（1）班小枫负责帮助一（1）班小朋友分饭，午休时间，他带着自己的"心语伙伴"小云到操场玩，刚开始还挺有耐心的，陪着小云玩捉迷藏。可不一会儿，看到同学们在篮球场上打篮球打得激烈，禁不住也跑上场玩起来，把小云早忘到一边去了。害得小云找不到小哥哥，急得哭了起来。老师找到小枫，批评他缺乏责任心，他竟然一脸无辜的样子。

我们学校一直坚持开展"大手拉小手"活动，就是通过这项活动培养高年级学生的爱心和责任意识。一个人的责任心体现在方方面面，大到对国家前途、民族命运的关注，小到对身边一人一事的态度，无不体现着一个人对社会、对家庭、对自己的担当。当然，对小学阶段的孩子来讲，他们的社会角色还没有那么复杂，他们的责任心可能更多地体现在学习和生活两方面。那我们该如何在这两方面培养孩子最起码的责任意识呢？新东方的创始人——俞敏洪先生，在大学期间一直主动为同学服务，每天打扫宿舍卫生，为同学打开水。十年后，俞敏洪在寻找创办新东方的合作者时，他当年的这些同学无条件地给予支持，理由非常简单，就是出于对他本人的信任。从俞敏洪的书中我才得知，他小时候，每天起床后母亲都要求他必须扫干净院子才能去上学，所以到了大学为同学服务成了习惯。看，从小培养孩子做家务的习惯，除了能增添他们的责任感和自信心外，还是未来成功创业必不可少的因素之一。因此，作为家长，我们要蹲下来、慢下来，教孩子做一些家务。比如饭后收拾餐桌，写作业后整理书桌、书包等。我们要告诉孩子如何一步步操作，先做一次示范，让孩子看家长是怎样对碗盘和书本分类的，又是怎么分别放到相应地方的。然后和孩子一起做，最后就可以尝试让孩子自己做，家长做指导即可。孩子一旦养成习惯，就学会了对自己、对父母以及对他人的物品负责了。比如，有的孩子就以没有把作业抄到记事本上为理由，推托自己没有完成作业的责任。我建议家长告诉孩子：看老师写到黑板上后，马上抄，不要等，为了让孩子记住要求，可以在笔袋上贴一个便签——"抄记事"。如果孩子真没记上，可以让孩子打电话问同学、问老师，但是电话费需　　要从他的压岁钱里面出。当然，爸爸妈妈也要定期检查、加以督促并及时评价结果，以便培养孩子持之以恒、认真负责的好习惯。

　　家庭是孩子的第一所学校，作为家长我们是孩子的第一任老师，培养孩子的责任心，不妨从让孩子成为家庭的小主人做起，在一朝一夕、点点滴滴的小事中让他们感受做事认真负责的乐趣。责任感是人成才的基础，坚持培养孩子"言必信，行必果"，相信孩子一定会成为对自己负责、对他人负责的好孩子。

家长怎样和孩子做朋友？

吃饭时，佳佳兴致勃勃地对爸爸说自己的建模快搭好了，妈妈一听，忙喊道："哎呀，你就知道玩，作业写完了吗？"佳佳灿烂的笑容一下子消失了，停了一会儿，孩子又说："妈妈，您上次答应我周末去滑雪，我想约同学一起去，行吗？"妈妈轻轻"嗯"了一声，忽然话锋一转："对了，你们今天语文单元测验了吧，你得了多少分啊？"此时，孩子眼中的光芒一下子暗淡了，只顾埋头吃饭，饭桌上的气氛一下子沉闷了许多。

当下，家长工作忙，回家后，把本应全家愉快进餐的时间变为了"批斗场"，有些家长经常利用这个时间对孩子进行教育，弄得孩子饭也吃不好。长此以往，孩子就会越来越不想与家长交流，随着年龄的增长，还有可能导致青春期逆反。

家长要想和孩子成为无话不谈的朋友，就要"蹲下来"，与孩子进行平等的沟通。当孩子回家和您谈起自己的事情时，家长千万不要因为自己正在做饭或者忙工作而让孩子走开。哪怕是孩子和同桌抢一块橡皮、今天上课没有发言这种看似无关痛痒的小事，家长也不要不理不睬，因为这可都是孩子心中的大事。所以我们要先放下手头的工作，安静地听完孩子的诉说，做孩子忠实的听众。家长不管工作多忙，为了加强和孩子之间的情感纽带，都应该腾出固定的时间和孩子在一起，如：周末和孩子一起做做家务，给全家做一顿丰盛的午餐；全家人出去郊游、购物等等。这种毫无压力的交流，最容易打动孩子的心。

家长还可以找到孩子感兴趣的事情，参与到孩子的活动中去。最近，悠悠迷上了《大侦探小卡莱》这本书。她的妈妈也跟着孩子一起读，发现书中讲的是三个与自己孩子年龄相仿的孩子破案的故事，书里面的故事情节既滑稽好玩，又惊险刺激。妈妈和孩子一起读书，一起分享三位小侦探的勇气、胆量以及聪明才智。假日里与孩子模仿书中的情节玩"寻宝"游戏，在草原上"战斗"，家长和孩子一起，其乐融融。恬恬妈妈的做法也非常好。她的爱人在国外工作，回到家后，她把孩子当成了"小大人"，经常把工作中遇到的问题说给孩子听，两个人一起想办法解决，无论孩子说的是不是着边际，她都真诚地感谢。渐渐地，恬恬妈妈发现，孩子给她出的招有些还非常恰当，而且，本来不太善于表达的孩子，还很自然地把她在学校发生的事、遇到的问题和家长一起分享。孩子爸爸回国后说这种自然的"以秘密换秘密"更显公平，孩子毫无顾虑地袒露自己的心声，使家长和孩子的心贴得更近了。

做孩子忠实的听众，与他一起分享喜怒哀乐，共同享受成长的快乐，相信您和孩子一定会成为最亲密的朋友，也可以有效避免孩子青春期的逆反。

如何让孩子适应中学生活?

案 例

一天，我们几位中学同学聚会，看到了同学的女儿小飞，一位同学便随意问："小飞，六年级啦，快上中学了吧？"没想到小飞一脸苦样儿，满面愁容地说："我才不想上中学呢！""为什么？""我听别人说，中学太累了，压力可大了！"小飞妈妈也是一脸无奈。

听了上述对话，我非常理解孩子此时的心情：即将要离开相处六年的同学，离开曾经熟悉的校园，步入一个完全陌生的新环境，别说孩子了，就连大人都难免会紧张担忧。加之中学学习任务的确比小学多、重，孩子将会面临一个个新的挑战，自然会产生恐惧心理，担心自己承受不了。

看到小飞妈妈为难的样子，我马上劝慰她，不用着急，可以试着这样做：利用假期带着孩子到中学校园里走一走，了解中学校园环境；通过橱窗展出的内容了解校园文化；与中学生交流了解中学学习的课程，还可以借助网站了解更多的学校信息。让孩子在步入中学校门前对中学有全方位的了解，以缓解孩子的心理压力，使孩子尽快地适应中学生活。听了我说的方法，小飞妈妈频频点头，仿佛看到了希望。

如果您的孩子是因为听说中学学习任务重压力大，怕自己承受不了或因为怕自己能力不足，担心自己做不好而畏惧，家长可以在小学毕业后的暑期里先把初一的课程让孩子预习一下，也可以找自己的亲朋好友带上中学的孩子为自己的孩子介绍一下经验并帮孩子辅导一下。另外，如果孩子担心自己学力不足、不自信，家长可以挖掘孩子的潜质，陪伴他（她）在自己的兴趣爱好上下功夫，让他（她）通过发展特长，找到自信，快乐成长。

　　总之，如果孩子面临小升初的问题，家长只要淡定、理性地处理，从心理上和知识能力上和孩子一起做好储备，孩子就一定可以尽快尽好地融入中学生活。

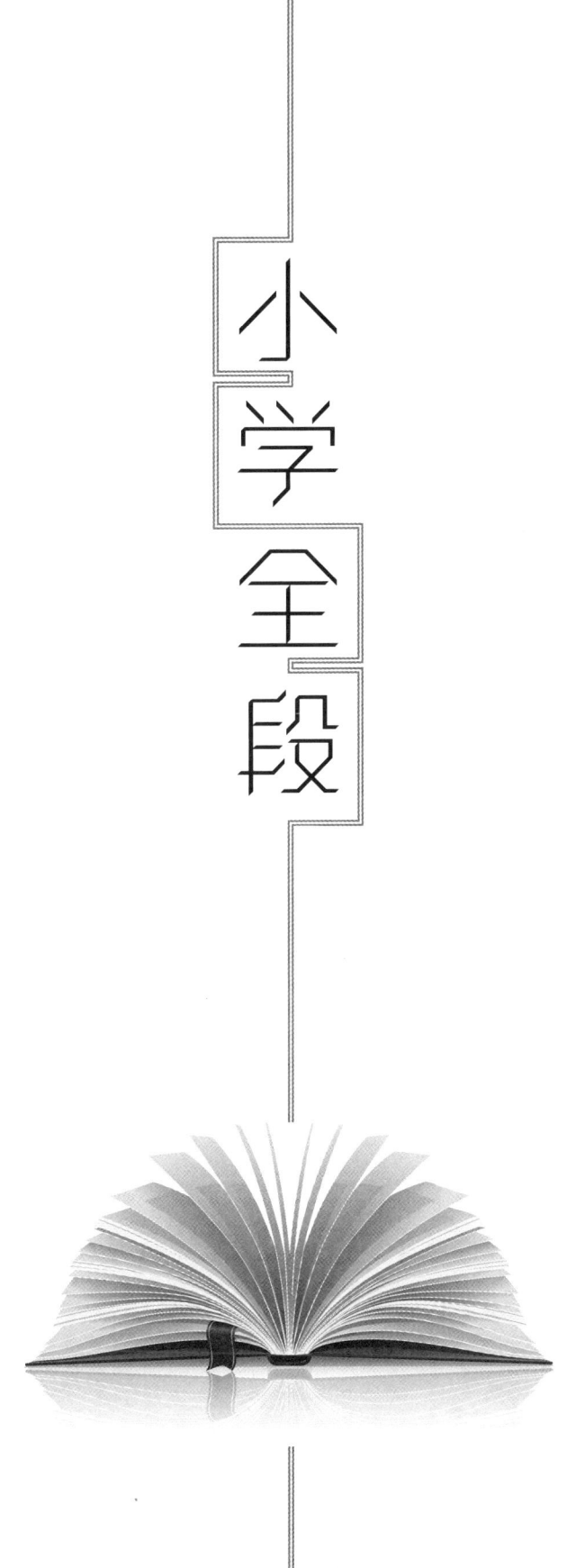

小学全段

如何让孩子爱上读书?

案　例

　　五一小长假的一天，手机短信铃声响起，我看到了一条特别的短信"××双语小学三年级学生杨涵自创的诗歌获奖了"，我脑海中不由得浮现出杨涵聪慧、内秀的江南小才女的形象。一字一句细细读来，让我感慨万千。很早就听老师说杨涵特别喜欢语文，爱写文章，到班里听课时，我常常会特别留意这个聪慧的女生。带着好奇，我了解到杨涵对书的喜爱来源于家庭的熏陶。为了记录下她的成长足迹，学校想为孩子出版一本文集。

　　要想让孩子从小爱读书，就要营造乐学的家庭环境，这是孩子热爱读书及终身学习的需要。学习不只是学生的专利，而是人生各阶段永恒的主题。作为家长应与孩子共同学习，营造乐学的家庭环境。那么如何营造乐学的家庭环境呢，我认为三个坚持很重要：

　　一是坚持每天和孩子共同读书（或听孩子读书）10分钟，要鼓励和称赞孩子。养成爱读书的习惯，是孩子成功的基石。

　　二是坚持每周末用一个半天或两个小时作为家庭学习日，学习的时间里，家长也要起带头作用，注重言传身教，合理配置业余休闲时间，在家庭学习日，爸爸不看电视，妈妈不做家务，孩子认真完成作业，爸爸妈妈读书看报，营造家庭学习氛围。家长如果能坚持下去，一定会收到意想不

到的效果，孩子逐渐不再用家长陪同写作业，即使长大后，家长在做其他事，孩子也能自己专注地学习。

三是坚持每月带孩子去图书馆一次，让孩子感受读书的氛围，体味书香的气息，这是对孩子潜移默化的熏陶，这在孩子人生成长的道路上会起到不可低估的作用。

同时，家长要善于发现孩子的特点，为其选择合适的书籍和刊物。要经常借阅或购买图书，订阅一些供孩子及家长阅读的报纸杂志，让家中有一定的藏书量，让孩子引以为豪，逐步优化家庭学习环境。适当地看电视，但要和孩子沟通交流电视内容。还要为孩子打造适合学习的环境。《孟母三迁》的故事说明环境对孩子的影响是巨大的。家长为孩子打造的私人空间不宜豪华，但要具有书香气息。让孩子可以静下心来阅读与学习。从家庭做起，营造乐学的家庭学习环境。

如果把教育看成一条贯穿人生始末的绵延长河，那么家庭教育就是这条长河的源头。如果把教育比作一座造就人才的高楼大厦，那么家庭教育便是这座大厦的第一层基石。家庭教育中，家长起着关键的作用，营造良好的家庭学习氛围，家长不仅要为孩子的学习提供良好的物质条件，还必须为孩子创设一个良好的家庭育人环境。家庭教育是影响人终身的教育，是任何学校教育和社会教育都永远代替不了的。

怎样让孩子爱学数学、学好数学？

案 例

　　小丽是个聪明伶俐、思维敏捷的女孩。她从小对数字很敏感，于是，小丽妈妈在孩子幼龄阶段就给小丽报了数学方面的思维班，除此之外，她自己在家也常常辅导女儿学习小学一年级的数学课本。可是，当小丽进入一年级后，孩子拿回家的第一份数学作业成绩却是"B"，面对这份"画1"的数学作业，小丽妈妈陷入了深思：学前我给孩子教了那么多，为什么她竟不知道"1"长什么样子呢？究竟是哪里出了问题？孩子该如何学好数学呢？……带着种种困惑，小丽妈妈拨通了老师的电话。

　　作为小丽一年级的数学老师，其实，我真的有很多话想对小丽妈妈以及许许多多像小丽妈妈这样的家长说。不妨先来一起看看下面的调查。

　　我们曾对学校360名一年级新生做过这样一个问卷调查：你心目中的数学是什么样子的？所有的孩子都在白纸上画下了自己对数学的认识。令人震惊的是，100%的孩子给出的都是各种各样的计算题，大多是百以内的加减法、进位退位的竖式，甚至还有孩子写出了一串乘法和除法算式，很少有孩子能够想到正方形、圆等图形也是数学，更让我惊讶的是居然没有一个孩子关注到了身边存在的真实数学问题。

　　不知作为家长的您从这个调查结果看出了什么？是喜是忧？作为教

师，我忧心忡忡。不管是家长怕孩子输在起跑线上的心理作用，还是切实存在的其他原因，总之，不少孩子在学前都被灌输了沉甸甸的"数学知识"，尤其是过量的抽象且枯燥的计算，久而久之，孩子在入学前就已经对数学产生了情感上的疏离，或者像小丽这样，虽然学得不少但并不真正理解。在这里，我想对像小丽妈妈这样的家长说：孩子在低幼阶段的数学学习不同于高年级学生，它更多的是一种自然的、非正式的活动，活动经验的积累要比数学知识本身对孩子未来学习的影响深远得多。那么，低幼阶段的孩子该如何开展这种自然的、非正式的数学活动呢？

举个例子，孩子在认识 1 这个数后，可以陪伴孩子用绘画的形式去表现他对 1 的数学理解。1 是一个古老而神奇的数，它是数学世界中的"盘古"。在孩子眼中，1 可以大到一群、一排、一筐，也可以小到一株、一只。原来，1 的内涵如此丰富！在"画 1"的这个活动中，孩子收获的不仅仅是对 1 这个数的生动诠释和深刻理解，更是对数学学科的积极情感体验。孩子的数学学习或者说数学启蒙，真的不是上一年级才开始的，而是从 3 岁，甚至更早就开始了，孩子通过认识数等活动敲开了数学的大门，所以说，家长才是孩子的第一任数学老师。

家长如何启蒙孩子的数学智慧？是塞给他们越来越深奥的计算技能？还是陪孩子体验简单有趣、富含数学思考方法的游戏活动呢？我想，小丽妈妈之所以陷入困惑，大抵都是源于她对孩子数学启蒙上选择的偏失吧。2+3 等于几固然重要，但数学教育更关注如何培养孩子去思考：2+3 怎么等于的 5？它为什么只能等于 5？我们为什么要学"2+3"？基于这些思考，您还会把计算难度、计算速度作为追求的目标吗？您还会为自己的孩子在入学前会算 27+38 而沾沾自喜吗？

为了让孩子们爱学数学、学好数学，我们借助学校微信公众号平台，不定期地为学生提供各种数学研究活动，比如：一年级的《我发明的记数法》、二年级的《钟面上的角》、三年级的《围鸡舍》、四年级的《用统计的眼光观察生活中的一件事》、五年级的《组合图形与对称》、六年级的《运算表格的系列性研究》等。这些都是承载着学生数学思考与数学探索的活动素材，都可以作为家长指导孩子学习数学、启迪学生思维的可选素材，家长朋友们可以根据孩子的年龄段结合孩子的兴趣选用。近代著名的儿童心理学家皮亚杰认为：儿童并不是学会算术，而是重新发明算术的。我想数学在孩子心中应该是鲜活的、好玩的、有用的，这样的数学孩子才会喜欢。作为家长也好，作为老师也罢，我们都应该创造机会让孩子重新发明数学、亲身享受数学！

孩子不爱写家庭作业怎么办?

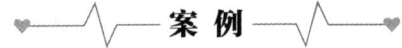 案 例

五年级开学初，我发现班里的明明连续几天不交家庭作业，问他原因，孩子总说忘带，这引起了我的注意。一天，我坚持让孩子家长把忘带的作业交过来，接电话的是孩子的爸爸，他声音里充满了怨气："拿什么交？孩子根本就没做完，每天作业都搞到十一二点……"

我当时接完电话后很吃惊，学校管理规范，每天家庭作业不可能有那么多。经调查后发现，原来是明明爸爸每天将孩子接回家后，自己就去上网、看电视了，孩子做没做作业、做了什么家长一概不知，殊不知孩子是在屋里看课外书、玩手机……其实，除极少数孩子因为能力低，离开家长辅导不能独立写家庭作业外，大部分孩子都和明明差不多，是因为习惯不好，不爱写作业，时间都花在了玩上。有和明明相似情况的孩子家长，不妨按下面的方法试一试。

第一，找一个合适的机会和孩子郑重谈一次话，找出父母和孩子双方存在的问题，说说这样下去会带来的严重后果，和孩子一起重视起来。

第二，和孩子共同制订完成家庭作业计划和奖惩规则。每天放学后，稍作休息就开始写作业。先和孩子一起规划，一共有几项作业，按序排好，做到成竹在胸。一旦决定开始写一项作业，就要一鼓作气，即使有疑问也要先存疑。记录每天写完最后一项作业的具体时间。当孩子有了进步后，家长要及时表扬："这个方法好吧？！""这么做，是不是就能按时完成作业了？"在这里要特别提醒家长朋友，开始一段时间执行起来会有一定难度，贵在坚持。

第三，学校经常研究的课题或许都有"让作业有趣起来"等内容，家长要结合老师多了解情况。其实，我们做家长的完全可以带孩子进行"让家庭作业也有趣起来"的小小尝试，变低、中年级的听写作业为"家庭汉字听写大会"，每课一期。值得注意的是，家长有时要学会示弱，让孩子赢一把，循序渐进，孩子渐渐就会像盼过节一样盼"听写"。变高年级语文梳理作业"厘清文章脉络"为绘画提纲、漫画式提纲、对联式提纲、打油诗式提纲、重点词语罗列式提纲……孩子在读读、思思、画画、写写中兴趣盎然。

有的家长朋友每当周末写周记时，就会带孩子出去玩一趟，回来后逼着孩子写，孩子磨磨蹭蹭，家长干着急却没办法。其实家长只要准备一个小本子，每天抽出几分钟时间和孩子一同回忆当天印象最深刻的一件事、一个细节，用一句话记录下来，这一难题就可以迎刃而解了。"生活处处皆作文"，坚持每天记录"精彩瞬间"，写作时信手拈来亲身经历的事情，鲜活而有趣，这样孩子就不用为没得写或总写类似出游的作文而产生抵触厌倦情绪了。

完成朗诵课文作业时，可以给孩子录录音、配配乐、录录视频，还可以让孩子给全体家庭成员表演……

第四，经过一段时间的辛勤培养，当孩子取得了一定的进步后，家长一定记得奖励孩子。奖励孩子做自己最喜欢做的事情，奖励孩子读自己最喜欢读的书，奖励孩子参加自己最喜欢的体育活动，奖励孩子到大自然中去尽情地玩耍，奖励孩子找自己最好的朋友分享自己的小秘密……

亲爱的家长朋友，当孩子真的把写家庭作业当成一件很好玩的事情来做的时候，当孩子写家庭作业就像走迷宫那样充满探索和挑战意识的时候，您和孩子就真的成功了！

如何让成绩落后的孩子也能快乐成长？

案 例

单元检测结束后，新新回到家里，耷拉着头将书包扔下，闷闷不乐。妈妈不问还好，一问，新新"哇"的一声大哭起来："今天发卷子，军军看到我的成绩，下课跟同学说：'他得了C，真是个大傻瓜'"。新新一边哭，一边嚷道："他们平时也总背着老师嘲笑我，我再也不去上学了……"妈妈听了，再想想孩子平时不尽如人意的成绩，心如刀绞一般难受……

面对此情此景，我在为新新和妈妈所受的伤害感到难过的同时，还想建议像新新妈妈一样有困惑的家长试试按下面方法做。

第一，找个合适的机会向老师反映班级出现的这一不良现象。实际上，当前学校都在强调保护孩子的隐私和自尊，考试成绩不公布、不排队。如果孩子无意看到了个别孩子的低分，说了伤孩子自尊的话，老师有责任引导学生明白，成绩落后不能说明一切，不能嘲笑成绩落后的同学，对学习有困难的同学应该伸出友爱之手。

第二，静下心来找一找孩子成绩落后的原因。有的孩子实际上很聪明，就是因为没有养成良好的学习习惯，上课注意力不集中，回家后又贪玩，迷恋电视、网络，不做家庭作业，基础知识漏洞太多。成绩越低，就越引来同学的嘲笑，就越抬不起头来。长此以往，恶性循环，孩子就不自信、不快乐，甚至对学习产生厌倦情绪。针对这一情况，家长可以试着这样做一做：创造契机。像新新这样的孩子，您只要马上从眼下要考试的单元着手，复习巩固，成绩就会提高。小学阶段的考试都是阶段性验收，基本上围绕本单元的知识点考查学生，只要用心，成绩马上就会立竿见影地提高上去。

第三，趁热打铁。当孩子的成绩有了一定的提高后，家长一定不要认为万事大吉了，要抓住这一契机，趁热打铁跟孩子说明"一分耕耘，一分收获"，世界上没有傻孩子、笨孩子，只有不努力的孩子和懒惰的孩子，学习一定要坚持，从而坚定孩子的信心和决心。

第四，扩大战果。孩子成绩上来后，有了一定的自信心，接下来的一段时间将是漫长而艰苦的过程，家长最好和孩子一起做一个近期学习计划，将以前落下的知识系统性地补回来。等成绩稳定一段时间后，孩子有了一定的竞争意识和上进心，家长再扶放结合，鼓励孩子自主学习。

还有一些孩子，学习成绩落后的原因不是他们不乖、不认真完成作业，而是理解能力不够强，即俗话说的没有足够的灵气，别人一点就透，他怎么点也不透。碰到这样的孩子，家长您也不用过度担心和着急，要学会静等花开。在静等花开的同时，不妨尝试着这样做一做，用放大镜去发现孩子身上的闪光点，一旦发现闪光点，就用此闪光点作为孩子成长进步的突破口。有的孩子具有运动天赋，就关注学校各种体育俱乐部，鼓励孩子积极参与；有的孩子爱劳动，千万别舍不得，要鼓励孩子主动担任班级卫生工作，在为大家服务的同时，孩子就会找到归属感，找到自信；有的孩子天生会理财，就鼓励他竞争校级小小银行助理；有的孩子喜欢京剧，就鼓励他参加"京剧艺术团"；有的孩子喜欢音乐，就鼓励他参加合唱团。

相信只要家长能因势利导，孩子总会找到一个展示自我的平台。

如何培养孩子的创新思维?

案 例

　　我的儿子小时候是个腼腆内向的孩子，喜欢自己玩，不喜欢主动和人接触，一年级时学校开展了丰富多彩的活动，但都看不到他的身影。看到孩子这样被动，我心里很着急。

　　怎样才能让他成为一个有独立自主精神以及创新意识的男子汉呢？和同事交流后，他们也帮我分析支招，我反思自己，意识到一个重要的原因：因为自己是学校的老师，平时工作很忙，所以很多时候是自己潜意识要求孩子要听话，要乖，不犯错，这样不给自己添麻烦，孩子确实是按照自己的潜意识要求发展了。认识到这种情况后，我开始有意识地去改进自己的做法，随着方法的改进，孩子也慢慢有了变化，下面简单说说我是怎么做的。

　　一、大胆放手

　　说实话，做到大胆放手说着容易做着难。从儿子二年级开始，我就力图做到，只要是他自己的事情尽量不插手，不去告诉他怎样做，更不帮他完成。所有他自己的事情尽量让他自己做决定、自己订计划、自己完成。哪怕是结果不尽如人意，我也坚持让他自己去处理，这就是我所谓的放手。虽然在他的成长过程中有很多失败的经历，但是这些经历是他成长的宝贵财富。他学会了独立解决问题，随着年龄的增长，碰到问题时他的第一想法是如何选择最好的方法去解决。这就是培养创造力的基础，要知道在创意产生的过程中你会遇到无数的问题和困难，如果总是向家长求助，没有独立的思想，创意又从何而来呢？

二、开放思维

如果孩子具有了独立解决问题的能力，那他已经站在了创意大门的门口了。而开放的态度就是打开创意大门的钥匙。儿子的开放心态主要是他四年级开始参加全省最大规模的七巧板创新思维大赛锻炼的。这项竞赛要求五个人组成的团队集思广益，共同去有创意地完成一些任务。而能否有效地完成任务最为关键的就是孩子是否有开放的态度。现在的孩子大多自我意识比较强，总认为自己是最好的，很难接受别人的意见，这就是一种不开放的态度。这样做最大的害处就是故步自封。一个人的知识毕竟有限，只靠自己很难有创意地去完成任务。通过长期的训练，儿子学到了当团队遇到问题的时候，所有人都在不评价对方的前提下说出自己的想法，然后根据实际情况去选择最适合的方法，然后再从每个人擅长的领域去完善这个方法，把它变得更好。这种开放的心态不仅让他有更多有创意的想法，也让这个团队更有凝聚力，换句话说，在孩子拥有了开放心态的同时，也学会了如何去和别人合作。和其他孩子一起，在科技老师的指导下，他们的团队在全省创新思维总决赛中连续三年取得了一等奖的好成绩。

孩子到了中学后，完全变成了一个充满自信的阳光少年，主动承担班级活动，而且每次他组织的活动都会让老师、同学感到意外惊喜，收到良好的效果。在年级学生创意竞聘会上，他用与众不同的创意演讲成功竞聘，用他自己的话说："创新已经深入我的骨髓，成为一种习惯"。

创新是衡量一个国家是否成为强国的重要因素之一，培养创新型人才是我们国家现阶段最为重要的教育目标之一。创新并不是乔布斯、比尔·盖茨等一些有创意的人的专利。即使普普通通的孩子也可以学会创新。我儿子就是一个例子，只要大家在正确的道路上努力引导，相信创新会离我们的孩子越来越近，让我们一起努力吧！

孩子只会说不会写怎么办？

案 例

灵灵上四年级了，嘴巴特甜，能说会道，把看到的事情可以描述得很精彩，说起话来滔滔不绝，可写起作文来却很难，磨磨蹭蹭半天动不了笔。灵灵妈妈感到万般困惑，发愁地说："真急人！这孩子嘴怎么不长在笔上啊？"

其实这种情况很常见，特别是小学中年级阶段的孩子，有的可以自行改善，有的可以加以训练纠正，但如果不引起重视而一味采取简单甚至粗暴的方法对待孩子，很容易使孩子的问题更严重，还可能会使儿童出现焦虑、逆反、厌学或其他心理障碍。针对这种情况，我们要科学地分析产生这种现象的原因及解决策略。

维果茨基是第一个在心理学中把书面语言作为特殊信号活动进行专门研究的学者。剖析学生的作文心理过程，实际上经历了内部语言（思考）、口头语言（叙述）、书面语（表达）的过程。通过比较三种语言可以帮助我们了解书面语言的特点，找到儿童作文困难的实质。书面语言背景抽象、语义抽象，而且具有完整性的要求，这都决定了书面语言难于口头语言。与口头语言、内部语言相比，孩子在书面语言创作时，必须进行深思熟虑的分析活动，这是由书面语言的完整性决定的。维果茨基曾指出，口头语言和内部语言都存在谓语化的倾向，这是指口头语言和内部语言表达过程有省略的迹象。内部语言以压缩或简缩的形式存在于思维中，对思维的人来说，情境、气氛通常因为是已知内容而被略去；儿童运用口头语言描述看到的事物、听到的事物或某一时刻所做的事情，往往也会省略主语或对主语补充描述的词语。这就造成口头语言和内部语言缺乏完整性。书面语言则通过词和词的组合达到交流的目的，成为精心组织的语言。书面语言的这一优点也恰恰是儿童作文困难的原因之一。由口头表达到书面表达需要一个过程。首先，要确认孩子把自己想表达的写出来的时候有没有遇到不会写字的书写障碍，其次，需要有一个引导的过程。写作文难下笔，是孩子书面语言呈现有困难，那么引导的过程就需要家长和孩子都更耐心平和些。下面提供几个能促进书面语言背景训练的活动。

其一，心理暗示促书面语言的转换。让孩子知道说和写是一样重要的，消除孩子对习作的恐惧感。在对孩子丰富的口头语言大加夸奖的同时，对孩子口语不完整的谓语化问题提出改进意见，增强孩子口头描述的能力。描述性强的口语接近书面语言表达。

其二，大声朗读促书面语言积累。声音有助于记忆，大声朗读书中精彩段落有助于孩子熟悉书面语言表达的规律。读书时遇到精彩的段落可以大声地读出来，甚至背诵下来，这有助于书面语言的积累。慢慢地，孩子在朗读和背诵中就会熟悉书面语言的表达方式。

其三，语言迁移促书面语言发生。若孩子不擅长将说的转换成写的，就要对症下药，帮助孩子由口头语言迁移到书面语言。由说变写可以分三步，起初可以让孩子说，家长笔录。然后由家长说，孩子写。最后家长帮助孩子加工语言。

其四，"你说我画"促书面语言的表达。书面语言比口头语言要富有画面感，选一篇状物的文章，家长绘声绘色地读，语速不能快，孩子根据文章的描述进行绘画，听和画的过程是对书面语言抽象背景的呈现，这有

助于孩子书面语言的生动表达。

总之，孩子"会说"是好事，因为口头语言是书面语言的基础。只要我们家长循循善诱，有针对性地加以引导，孩子一定不仅会用嘴说，还会用笔"说"，既能说会道，又能说会写。

如何循序渐进地培养孩子阅读的习惯?

案 例

辰辰妈妈告诉我,她很苦恼,因为孩子上学前很爱读书,甚至喜欢读大人的书,像《时间简史》他都看过,邻居都夸孩子是天才。而对孩子上学以后的表现,如注意力不集中、不合群、总喜欢自己玩等,她也很意外。听了辰辰妈妈介绍的孩子读过的书,我也很吃惊,心想:"《时间简史》孩子能读懂吗?"

我想辰辰早期阅读是有问题的,辰辰妈妈过早的"天才定位"难免让她对孩子上学后的表现患得患失。其实,儿童阅读习惯的培养应该是循序渐进的,与儿童心智的发展应该是合拍的,小孩子应该读适合他们的书。"儿童阅读的成人化"势必会让孩子缺失在他们的年龄阶段应获得的心智发展,例如儿童想象力的获得、儿童健康情感的获得、灵动思维的获得等。有的小孩子刚上一年级就开始读史书,孩子稚气地告诉我:他在读《中国通史》。且不说他是否真的能读懂,过早读这些史实性的、成人化的书,会破坏孩子想象力的活跃发展。这样的孩子看上去很匠气。小孩子匠气好不好?当然不好!暂时看不出来,但到了四五年级他的想象力不会开阔。低年级的孩子读书读成小达人好不好?也不好!小孩子特有的天真灵动的思维就没有了。在低年级读不应该读的书不但不能发展孩子的思维,反而会破坏孩

子思维和情感的健康发展的渐次性。

儿童阅读应遵循的原则首先是适龄性，其次是趣味性，最后是广泛性。小学阅读在低、中、高年级应该呈现这样一个金字塔：童话是人类精神的启蒙，是人类超凡想象力和灵动思维的源泉，是人类美好的情感的表达。这些具有丰富想象力和富于美好情感的文字可以温暖、启迪孩子稚嫩的心灵，这些文字的阅读对缔造孩子人格，使其情感健康、安全地发展都是有益处的。通过读这些文字让低年级的孩子性格更开朗，思维更活跃，情感更丰富。一个人精神领域的健康成长要远远重于个人知识的单纯增长，阅读对精神的培育是很重要的，而不仅仅是知识层面的获得。所以儿童阅读金字塔的地基是绘本童话。它承载着孩子未来的发展，是孩子们向更宽的领域探索的起点。童心阅读应该是当前学校重要的校本课程，它遵循儿童阅读的渐次性，培养孩子的阅读习惯。渐次地培养孩子阅读习惯下面的两点很重要：

首先，孩子阅读习惯的养成离不开家长的陪伴。很多学校一年级安排了故事妈妈进课堂、绘本阅读课。绘本阅读课上，老师为孩子们讲述有趣的绘本故事，《月亮的味道》《活了一万次的猫》《逃家小兔》……妙趣横生的绘本故事吸引着孩子们。一个学期，老师和孩子们一起读了十余本绘本故事。在学校绘本阅读的推动下，不少家长也给孩子买了相关书籍，开展家庭绘本阅读、亲子共读。在家长和老师的陪伴下，孩子们在入学的第一年就爱上了阅读。早期阅读课开启了低年级孩子们阅读的大门，为他们中年级读整本书打下了基础。为了让家长们更多陪伴孩子阅读，学校的"亲子阅读大赛""亲子戏剧节""读书小明星""书香家庭"等活动，家长要激励孩子参加，孩子们和家长一起分享阅读的快乐。

其次，家长要及时记录并鼓励孩子阅读。鼓励是促成习惯养成的良方，低年级可以给孩子用彩色曲别针制作阅读链，读一本书就挂一个链。高年级可以制作读书存折。这样都有助于保持孩子阅读的持续性。希望孩子们在书籍的陪伴下快乐健康地成长。

怎样提高孩子的阅读能力?

案 例

　　琪琪妈妈是一位数学老师，琪琪已经上五年级了，是个聪明乖巧的小姑娘，琪琪很爱看书，经常让爸爸在网上给她购买一些书。孩子爱看书，爸爸妈妈当然很欣慰，但是让琪琪妈妈困惑不解的是，爱读书的琪琪，每次单元测验基础知识部分最多扣 1 分，而阅读部分每次都失分 12 分左右。琪琪妈妈非常着急，这孩子有阅读兴趣，但独立阅读能力还是不强，真是隔行如隔山，怎样才能帮助孩子提高阅读能力呢?

　　琪琪妈妈的担心具有普遍性，有了阅读兴趣不一定阅读能力就强。我们常说"兴趣是最好的老师"。阅读兴趣打开了孩子们阅读世界的大门，但是老师领进门，修行在个人。要形成阅读能力还要有一定的阅读方法。阅读能力主要包括阅读速度和理解能力。我们说某个孩子的阅读能力强，就是指他阅读速度快，并同时理解了所阅读的内容。阅读与理解应该是并驾齐驱的，阅读与思维、阅读与表达都是有关联的。没有理解或非逻辑的理解不是好的阅读状态，在鼓励孩子阅读的同时，更要关注孩子阅读理解的状态。读书只重情节，或读得似懂非懂都不利于良好的阅读思维习惯的养成。发现孩子阅读能力不强，家长们不用着急。"速读有法，理解有道"。下面给家长朋友们介绍提高阅读能力的六招，家长朋友不妨和孩子一起试试。

第一招，低年级"寻词"逻辑阅读。句子是借助词汇表达语义或情感的。按词读，孩子可以在初读一遍就获得句义，句句都明了了，一篇文章当然就读懂了。按词读还可以增加孩子的词汇量，词汇量的扩大对孩子提高阅读理解能力有着极为重要的作用。

第二招，低年级孩子用眼睛扫读不指读。有的家长可能以为指读能提高孩子的阅读速度。其实不然，阅读是眼、脑的配合。手指引领眼睛阅读，会干扰眼、脑的自然配合，国外有研究表明：有指读习惯的孩子比直接用眼睛扫读的孩子阅读速度要慢。

第三招，阅读中有意识地解释不懂词语。孩子在阅读中难免会遇到不理解的词语，这时可以问问家长，或者查字典、词典，或者联系语境想想词语的意思。那些不懂的词语可能恰恰是情节发展或人物特点的关键所在。

第四招，阅读中找找"5W1H"。如果是小说类或者记叙文，可以找"5W1H"，分别是：Who（人物、角色），Where（地点），When（时间），What（发生的事件），Why（为什么发生这件事），How（事情的过程和结果怎样）。"5W1H"会快速地帮助孩子梳理一本书或一篇文章的主要内容，让孩子把握文章的脉络主体和创作思路。

第五招，阅读"心得"接龙。这是和小伙伴阅读交流的方式。鼓励孩子和小伙伴之间交换图书阅读，交换的图书最好留有阅读笔记，这样阅读时还可以看到小伙伴的阅读心得，使阅读更为有趣。

第六招，和孩子一起聊书。这是家长和孩子阅读交流的方式。和孩子聊书不仅可以增强孩子的阅读兴趣，如果聊书得法还有助于提高孩子的阅读能力。家长可以发表自己对书中人物或情节的看法，对于孩子稚嫩的想法不要轻易否定，一定是平等地聊书。如果是您没有看过的书，要多倾听，从孩子的讲述中可以判断出孩子阅读收获的情况，进而提出一些问题启发孩子进一步探求情节的发展或人物的情感。

总之，孩子阅读之路需要我们陪伴，在您的陪伴下，孩子一定会成为善读善思的读者。

怎样提高孩子的写作能力？

案 例

周一早上，我刚进学校，就接到洋洋妈妈的电话："老师，周五您留的作文《我的老师》是我和洋洋一起编出来的。您可千万别批评他。他写一篇作文可费劲了！半天也憋不出来！我给他买了十几本作文书，报了两个作文班，可就是写不出好作文！您说怎么办？"

怕作文，烦作文，一提作文就头疼。这是很多学生、家长面临的困境。于是，书店里摆放着各种价格不菲的作文书，大街上到处是生意红火的作文班。周六、周日家长和孩子奔波于各个作文班的路途中。家长为了帮助孩子完成老师布置的作业，帮孩子写作文，甚至出现了让孩子"背、套"的现象。其实要写好作文，兴趣、阅读、生活、练笔、鼓励缺一不可。建议家长关注以下几点，提高学生习作能力。

其一，阅读量引发习作能力的提升。阅读对习作无疑是有帮助的，爱读书的孩子会思考。阅读促进理解，阅读无疑也促进写作。有的家长说，我们孩子读了不少书，怎么还不会写作文。阅读要产生效益是有过程的，孩子不仅爱读书，还要读好书，最后会读书。做到读书有量，读书亦有质。读书有量就是要海量阅读，只有海量阅读才有助于语言的积累。读书有质是指要讲究读什么书，怎么读书。建议高年级的学生多读一些经典名著，

名家的作品无论在语言表达还是思想内涵方面都有很高的造诣，对孩子提高习作能力无疑是有帮助的。

其二，叙述能力是习作基本能力。所谓的叙述就是将事情的前后经过记载下来或说出来。叙述的基本特点在于陈述"过程"，包括人物活动的过程、事物发生发展变化的过程、前因后果、来龙去脉。叙述是记叙文的主要表述方法，用来展开情节，交代人物活动和事件经过。叙述能力直接影响习作表达的质量。叙述能力是整个小学阶段需要锻造的能力。低年级是叙述起步阶段，要求学生连词练句，学会通顺明了地表达句子；中年级是叙述发展阶段，要求学生围绕一个核心意思汇句成段，学会按总分、顺承、因果、并列等句间关系叙述。高年级是叙述成熟阶段，要求学生连段成篇，做到详略得当。

其三，发挥想象，增强语言的魅力。一篇文章只有叙述是不够的，只有平铺直叙就像一杯白开水，平淡无味不能打动人。所以在叙述的基础上要发挥想象，增强语言的魅力。我第一次在京东网购，收到一个提醒接收货物的短信：尊贵的主人，我是您订购的宝贝包裹啊！我体检优秀，状态上佳，京东配送员正背着我驰骋狂奔，转瞬即到，快领我回家啊！这个萌短信让我忍俊不禁，迫不及待地希望接到自己网购的宝贝，也喜欢上了京东快递。这个短信采用拟人的手法打动了客户，这就是语言的魅力！用好比喻、拟人等修辞方法，对高年级习作会增色不少。

其四，拓展学生的创作空间。小学生的习作以记叙文为主，我们鼓励孩子进行不同形式的创作。中年级鼓励孩子写童话，编故事。高年级我们鼓励孩子写小说。为了鼓励孩子写日记，很多班级开展"循环日记"的活动。

其五，做生活的主人。我们常说"生活是习作的源泉"。以饱满的激情热爱生活、感悟生活、洞察生活，才会有丰富的写作素材，才会有深刻的文章立意，才会有奇特的想象和联想，才会有新颖独特的语言，才会有取之不尽用之不竭的写作源泉，这样才能写出好作品。那么，我们怎么走

近生活呢？请参考下面的做法。

一是习作之前做小小调查员。为了有话可说，有时习作前做些访谈或调查活动可以丰富习作的素材。例如：《我的爸爸》习作前孩子可以做"妈妈眼中的爸爸""邻居眼中的爸爸"等的人物访谈，访谈的问题孩子可根据自己习作需表现的主题来设计，习作前广泛收集信息，筛选素材，会使学生习作中的人物形象更加丰满、真实。孩子不仅要关注自己的生活，还要走出校门，走向社会，进行深入的社会调查。只有丰富的人生阅历、深厚的生活积淀，才能为写作提供扎实的基础准备。

二是多让孩子通过关注社会问题，增强公民意识，培养自己的社会责任感以及对未来的价值判断能力。在学校举办的"用童眼看世界"活动中，孩子们走进行政机关、建筑工地、街道、菜市场等，亲身调查、采访、回收样本，通过海报宣传、撰写社会调查报告、结业课程展演汇报的形式，展示成果，积累了丰富的写作素材。

叶圣陶先生曾说："生活如源泉，文章如溪水，源泉丰富而不枯竭，溪水自然活泼地流个不停。"孩子喜欢做的事情就不是负担，孩子喜欢写的作业是最可爱的。只要孩子爱读书、爱生活、爱表达，写好作文指日可待！

孩子过于任性怎么办？

案 例

李老师正在给三年级的一个班上公开课，刚提出一个问题，小力就积极举手发言，老师把第一个机会给了他，他回答得非常好，李老师向小力竖起了大拇指。李老师提出第二个问题时，他仍把手举得高高的，吵着要回答，李老师和蔼地对他说："孩子，课堂是所有同学的，别的同学也有发言的机会，把机会留给其他同学好吗？"没想到老师话音刚落，他竟然大哭起来，任凭老师怎么劝都不行，甚至一气之下跑出了教室。后来，李老师了解到，这个孩子一贯这样，无论什么事大家都要依着他，一旦不合他的心意就会大哭大闹。

孩子任性，不同年龄段有不同的表现。对于学前阶段和低中年级阶段的孩子来说，更多表现为行为的放任。见到自己喜欢的玩具就必须要弄到手；盛饭不按秩序排队，自己必须得是第一个；别人不小心碰了自己一下，就一定要狠狠地还击对方一拳才行。

对于这种低年级阶段的任性孩子，家长朋友们可以尝试着使用如下方法。

一是您自己应该先自我反思，对孩子的爱是否理智，是否做到了言传身教，是否考虑到了其他人的感受。有的家长自己就有任性的表现，必然会给孩子起不良的示范作用。因此，您在生活中有必要适当控制自己的情绪，当自己难以控制的时候一定选择远离孩子，不在孩子面前起不好的作用。

二是当遇到孩子任性大哭时，先冷处理，不要试图阻止孩子大哭大闹，等孩子平静之后再给孩子讲道理，让孩子意识到自己任性会产生的严重后果。

三是给孩子寻找一个年龄相仿的伙伴做朋友。好伙伴的榜样作用会影响孩子对正确行为的认知，也能让孩子意识到不任性的孩子才更快乐。记得有一年暑假，因姐姐忙于工作，无暇照顾孩子，姐姐就将孩子送到我家，本来以为带两个孩子会很累，没想到姐姐家的孩子非常懂事，自理能力强，又懂得谦让，我不断夸奖她。我家儿子平时就比较任性，争强好胜，看到我夸奖小姐姐，也学着小姐姐的样子做，还总不忘问我："妈妈，这次我比姐姐做得好吧？"我也趁机夸奖他，他特别开心。有时，他也会任性发脾气，这时，我就会不理他，和小姐姐更开心地说话，吃东西，甚至表现得更亲密。遭受几次冷落之后，我家儿子任性的脾气就改了不少，每天都和小姐姐开心地学习、游戏。暑假结束前，小姐姐要走了，我儿子竟有些舍不得，拉着小姐姐的手哭了。以前每天下班后，我都要与他"斗智斗勇"，没想到，小姐姐的到来反而让我轻松了不少，最可喜的是我家儿子任性的毛病改了不少。开学后，连老师都夸奖他懂事、明理、友爱、谦让。

对于高年级阶段的学生来说，十一二岁正值青春期前期，叛逆心理表现比较突出，凡事有自己的主见，听不进大人的意见，有时甚至还会跟家长顶嘴。很多家长朋友都对这一年龄段的孩子很头疼。其实这是孩子成长过程中必然经历的阶段，对于孩子的种种表现，我们不必大惊小怪，可以尝试按下面方法做。

第一，这个阶段的孩子，自尊心强、敏感，家长更需要尊重孩子，跟孩子进行平等的沟通和交流，把孩子真正当作朋友，不将自己的意愿强加给孩子。遇到事情多与孩子商量，学会倾听。在孩子困惑、苦恼、遇到挫折，甚至与同学发生矛盾时，要先稳定孩子的情绪，不要一味怪罪孩子。之后，

想办法帮助孩子解决问题。

第二，在可控范围内，让孩子吃一次亏。当孩子任性与家长发生冲突时，不妨在可控范围内先让孩子犯一次错误，吃一次亏。我和儿子之间就发生过这样一件事。我家孩子上六年级过12岁生日时，爷爷送给他一辆山地车，孩子非常喜欢，每天都骑着它上下学。我特别叮嘱他把山地车锁在学校里，可他就是不听，偏偏放在校门外，还总嫌我啰唆。一天放学后，车子丢了。我当然很生气，当场责怪他不听大人的话，没想到他更生气，一字一顿地大声说："我再说一遍，不是我没锁好车，是小偷手段太高明！"他还有课，气鼓鼓地转身走了。当天我因为有去外地听课学习的任务，也没顾得上理他。离开家之前，我给孩子写了一封信，放在了孩子的书桌上。没想到第二天他爸爸给我打电话，告诉我孩子看到信哭了。从此以后，我再就某些事提出意见时，他不再表现的反感，可能觉得家长的意见还是合理的吧。其实，随着孩子年龄的增长，我们对孩子的事情不用事事都管，要给孩子一定的空间，让他在错误中学会长大。

第三，鼓励孩子多参与集体活动。集体活动更易使孩子克服任性习惯，矫正孩子的不良行为，培养孩子顾全大局的意识，提高孩子的自控能力。我曾经教过一个任性的女孩子，学校组织跳绳比赛时，她开始要求跳绳，后来觉得累，就要求摇绳，没想到摇绳更累，又想换回来。这时大家都安排好了，于是我就让她坚持。没想到，她就因此常常找理由不按时参加练习，一会儿说上厕所，一会儿又说肚子疼。整个队伍，缺少摇绳的可怎么练呀？同学们都急坏了，纷纷责怪她。六年级第二学期，学校开展毕业课程，每一项活动都需要团队合作，班级里没有一个小组愿意接受她，她很苦恼。我把每个组的组长找来，当着她的面，问大家："为什么不要她？"组长都异口同声地说："怕她任性，不能合作。"这次，她不再盛气凌人了，第一次流泪了，当即表示："一定不再任性，听从组长安排。"果然，在后来的活动中，她都能克服自己任性的毛病与大家全力合作，出色地完成了各项任务。小学毕业升入中学后的第一个教师节，她带着中学好朋友回到学校看望我，看到她愉快的笑脸，我真为她的成长感到高兴。

法国教育家卢梭在《爱弥儿》一书中说："你知道不知道，用什么样的办法一定能使你的孩子感到痛苦？这个方法就是：百依百顺。"做爸爸妈妈的，我们不可能照顾孩子一辈子，也不可能做到一生中都能满足孩子的所有需求。我们要做的就是，既不纵容也不压抑孩子的需求，帮助孩子形成一个良好的性格，养成好的行为习惯，为孩子一生的成功奠定坚实的基础。

孩子遇事冲动，自控力差怎么办？

 **案 例**

二年级的一节美术课上，老师刚转过身，就突然听到小明大声叫道："不行，我就要！"原来，小明又开始去抢别人的水彩笔，其实，小明自己带了水彩笔……后来，小明的妈妈告诉老师，孩子的自控力很差，在家里情绪和行为也很容易失控，每次气得孩子爸爸都想揍他……

孩子遇事冲动，自控力差怎么办？不妨试试下面的做法。

首先，开一个家庭会议，交流一下家庭中是否存在不良的行为导向，我曾经任教的班级中有一个孩子，遇到一点儿事情点火就着，自控力极差，等事后问他时，他说："我姥姥就是这样！"家长在潜移默化中给孩子做了不好的示范，就可能会导致孩子形成不好的习惯。身教重于言传，家人先不妨达成一个协议，大人不管遇到什么事情，不轻易在孩子面前显露情绪或行为上失控，比如不轻易发火、不随心所欲做一些事情，尽量用温和的态度对待家人，将微笑挂在嘴角。

其次，和孩子玩一些能提高自控力的小游戏。我曾在一篇报道中看到一个"西蒙说"的游戏，不妨与孩子一起试试。首先，用"石头、剪子、布"的方法选出一人扮演西蒙；然后，"西蒙"给其他人下命令；当他说"西蒙说，摸摸膝盖"时，大家就必须照指令摸膝盖；当他只说"摸摸膝盖"，而没说"西蒙说"时，就不能照做，做错的将淘汰出局。最后的得胜者可以扮演下一轮的"西蒙"。在这个游戏中，孩子需要遵循一定的规则，在遵循这个规则中孩子需要耐心等待，这都有利于提高孩子的自控力。

最后，家中设置一个"魔法屋"，帮助孩子缓解情绪，让孩子学会自我调节。当孩子失控时怎么办呢？同事的儿子小时候有过几次没有缘由的突然发起脾气，发狂似的将东西扔得满地都是，大人劝也不起作用。我的同事没有像小明的家长那样准备揍孩子，而是在家中设置了一个"魔法屋"（书房），当孩子情绪和行为失控时，同事采取了如下措施：

第一步，把孩子一个人单独放到书房中，冷处理这件事情。等过了一段时间，孩子安静下来，大人再进屋，没有批评指责孩子，而是安排孩子去帮自己拿一本书，这样就给孩子一个台阶下，孩子下次自然也不好轻易地情绪和行为失控了。

第二步，等这件事情过去后，同事又将孩子单独叫到书房，告诉孩子他那么做，家人当时心里很难过，让孩子认识到自己当时的做法给家里人带来了很大的伤害；然后和孩子一起分析自己错在了哪里。

第三步，和孩子讲一个身边真实的故事或者从网上给孩子看一些真实案例，让孩子懂得一时行为不理智造成的严重后果。

自那以后，虽然孩子还是偶有情绪和行为失控，但是一次比一次轻，最后变成了一个很温和的小伙子。在孩子与同事的一次聊天中，孩子笑着说："咱家的书房就是一个'魔法屋'，它改变了我！"

鉴于上述案例，面对自控力差的孩子，家长一定先要控制好自己的情绪，为孩子营造一个温馨的家庭环境。当孩子失控时，家长一定可以多想想怎样处理才能让孩子平静下来，让孩子认识到自己的错误，意识到自己的行为给他人带来的伤害以及可能会产生的严重后果。久而久之，孩子控制自己情绪和行为的能力就会越来越强。

孩子攀比心强怎么办？

案 例

"老师，我实在没有办法了……"家长略带哭腔的跟老师寻求帮助。原来，周末家长带着孩子逛商场，孩子看中了一双运动鞋。在刚过去的元旦假期中，孩子的长辈们已经给她买了三双鞋，因此家长不同意孩子再买鞋的要求。孩子却坚持要买，理由是她的几个好朋友都有这个品牌的鞋子。家长再三劝说未果，孩子最后竟在商场中大哭，这让家长束手无策，十分尴尬。

如果您遇到了这样的事情，千万别着急！因为攀比是人类潜意识中一种很普遍的心理反应。人类也正因为有了这种攀比意识才会有不断的进步和创新。当然，如果攀比意识仅仅是案例中的孩子那样，只是物质上的攀比，那么我们就需要进行干预了。下面，我们给您一些建议，您不妨试一试。

一、收支透明，实话实说

有些孩子攀比是因为不了解家长的收入及家庭支出情况。所以在经济上，家长不要把孩子单纯看成孩子，一味地向他（她）隐瞒家庭的收支情况。孩子是家庭的一员，如果时常向孩子公开父母的收入以及家庭收支，告诉孩子父母收入高时不要显摆，因为那是父母辛苦所得；父母收入低时，也不要觉得难看，而要加倍好好学习，努力改变现状。那么，孩子就会变得更加懂事，因为他（她）从家长这里得到了一份尊重、一份信任、一份责任。他同时也会体谅到父母的不容易，会理解父母的良苦用心，会自觉地做到勤俭而且不攀比。我有个朋友的女儿去英国留学，走之前，朋友推心置腹地告诉女儿：父母是工薪阶层，家里只能供她两年的学费，两年后的学费就需要她自己靠打工挣取。朋友的女儿非常懂事，在英国留学的日子里不但不乱花钱，而且非常节俭，每年回家时都把一年的花销清单带给妈妈看看。可见，如果家长把家里的收支情况告诉孩子，实话实说，孩子会更加懂得家长的钱来之不易，会懂得珍惜，会与家人同甘共苦，就不会与人攀比了。

二、心有榜样，感染启迪

榜样的力量是无穷的！首先家长要做孩子的榜样，要勤俭持家，要潜移默化地传递给孩子这样的观念：家家都有自己的生活，家家都过自己的日子，不要和别人攀比。家长还可以试着去发现孩子崇拜的人物。有的男孩子崇拜乔布斯，认为他是创新的奇才，那就可以讲一下乔布斯艰苦创业的故事，再说一下他成功以后勤俭的故事，用他的故事去影响崇拜他的孩子。当然，榜样不仅仅是成功人士。我参加过支援贫困地区的义务支教活动。在我回来向孩子们讲述支教事例时，孩子们看到那些穿着露脚趾的鞋子，光着膀子上学的贫困地区儿童认真求学的画面，在对比中真切地感悟到了幸福生活的珍贵，这种震撼比我们千万句的说教都有意义。从那以后，孩子们不再追求生活上的攀比，开始更多地去关注他人，去提升自己的能力了。

三、体验生活，分担责任

有的孩子出现攀比的现象是源于他们责任意识不强，认为自己获得优越的物质生活是理所当然的，不知道这背后家长无私付出的辛苦。针对这样的情况，我给您讲一个发生在我们班的事。我班小强的父母长年在菜市场卖菜，但是随着年龄的增长，孩子越来越爱攀比了，和同学比吃比穿。

发现这个情况后，我和孩子家长一起商量了一个办法：让孩子替父母卖一天菜，让他在卖菜工作中体悟父母劳作的辛苦。在孩子体会到家长的艰辛后，让孩子尝试去当小管家。在这个过程中，孩子会了解全家每月生活的支出情况，对合理理财会有深刻而切身的认识，从而更加懂得感恩、节制消费，攀比的行为也就慢慢消失了。

总之，孩子爱攀比并不是妖魔鬼怪，只要我们找到问题的诱因，采取合适的方式，孩子的攀比情况就一定会向着良性的方向发展。

孩子丢三落四、粗心大意怎么办?

案 例

　　早上在学校大门口,时常会碰到这样的家长,"老师,孩子的水壶在学校丢了,我去失物招领处帮他找找好吗?""老师,我家孩子的棉背心前几天在学校丢了,我想去失物招领处看看,让孩子去找,她老忘……"

　　上面这些事情看起来好似小事一桩,但我们往深处想一想,事情就不这么简单了,这是孩子对自己物品的管理意识差,天长日久渐渐地就会造成孩子责任心不强,这会影响孩子的一生。我的孩子也刚刚小学毕业,很想聊聊自己在这方面的做法。

　　第一,当发现孩子丢东西了,一定要鼓励孩子自己去找,而且不要轻易放弃,一定要坚持到底。记得有一次女儿的外套在科学课上丢了,回家后我才发现,按道理讲,同在一个校园,我帮她把衣服找回来很容易。但我坚持让孩子第二天自己到学校去找。结果第二天她因为贪玩又把这件事忘了,第三天、第四天还是如此。我依然没有放弃,提醒女儿大课间时去失物招领处找,女儿紧缩眉头说:"不用找了,好几天了,肯定找不到了。"我鼓励孩子别灰心,并悄悄给班主任打电话,请班主任督促孩子自己去找。班主任找另一个孩子陪着她,到他们上过课的教室去找、到同年级的班去问,功夫不负有心人,两个孩子终于在同年级的一个班里找到了,非常高兴,

很有成就感。我悄悄叮嘱孩子：以后一定要尽量保管好自己的物品，万一丢了，一定要尽力找，孩子很有信心地答应了。

第二，家长包办代替收拾书包会造成孩子对自己带了哪些物品根本不清楚，丢了什么，孩子自然不会知道。让孩子自己整理书包，是培养孩子管理自己物品能力的好方法。开始时家长可以和孩子一块对照课程表整理书包，把第二天要交的作业按照自己习惯的顺序统一装到一个袋子里，方便第二天交。这样能让孩子对上学时带了哪些物品做到心中有数。

第三，对孩子平时的学习用具不妨限量，做到承包责任制。例如，可以规定一个月给孩子签字笔几支、自动铅笔几支、铅笔几支、橡皮几块等，如果丢失，就要适当进行一定惩罚，如丢一支笔扣压岁钱10元等。再比如，可以每月给孩子一定的购买学习用具的钱，让孩子自行支配这笔钱购买平时所需要的学习用品，让孩子懂得爱惜物品，知道节俭，培养孩子对物品的管理能力及责任心，使孩子知道学习用具是他（她）的个人物品，要爱护、珍惜，节省下来的钱可以用于奖励孩子。

第四，外出旅行时，不妨给孩子分一块"责任田"，如孩子自己需要带的小物件，让他自己列一个清单，单独装一个背包，跟孩子说好要一直负责到底，每换一个住处，就提醒孩子按照清单装好自己管理的物品。如果坚持这样的实战演习，孩子一定能做到完璧归赵，那他（她）在任何一个场合都不会再丢东西了。

第五，低年级孩子家长，如果有时间和精力的话，不妨尝试设计个性logo，比如，名字和"梅"有关的就设计一朵精致小梅花logo，给孩子的物品贴上或绣上图案，孩子找的时候就比较方便。或给孩子的学具标上号码，例如每天给孩子带六支铅笔，在整理学具时发现少了五号铅笔，孩子就会及时找回。

第六，让孩子学会自己整理学习用具。家长可以和孩子一起将写有标签的学习用具摆在铅笔盒适当的位置，并培养孩子养成置物有定处的好习惯。比如说：尺子放在铅笔盒内侧口袋的一侧；铅笔插在铅笔盒内侧口袋的另一侧；橡皮放在铅笔盒外侧口袋里等。慢慢地，孩子就会养成自觉整理学具、使用学具、存放学具的好习惯，也就不会乱丢东西了。

总的来说，孩子总丢东西，丢了东西不知道心疼，这和家长的重视程度有直接的关系，甚至有点儿"遗传"，只要重视了，坚持一段时间，这种现象就会逐渐减少，直至最后杜绝这类现象的出现。

孩子迷恋电子产品怎么办?

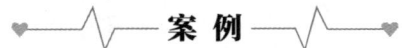案 例

小伟的屋里静悄悄的,妈妈松了口气,不爱学习的儿子终于能干点正事了。她端着牛奶走进儿子卧室,却发现儿子居然拿着 iPad 沉浸其中,作业摆在桌上一字未动。失望的母亲怒火中烧,恨不得将手中的杯子砸向地面。这个问题已经和小伟摆事实讲道理,沟通过很多次了,孩子每次也诚恳答应绝不再碰。唉!真是屡教不改,孩子为什么这么不争气……

随着时代的发展,电视、平板电脑、智能手机等电子产品已经成为我们生活的一部分。电视里的动画片、网络中的游戏有着超炫的画面、刺激的情节,别说是自控力弱的孩子,就是成年人也常常无法抵制它的诱惑。既然我们无法躲避,"堵"不如"疏",我们就要想办法正确面对。如果您的孩子也陷入了对电子产品的迷恋,我建议不妨用下面的方法试试。

一、陪伴是最温暖的给予

这样的情景家长们应该都不陌生:大人闲聊,孩子纠缠,家长随手把手机或 iPad 丢给孩子,而且伴随着一脸的不耐烦:"拿走,拿走,别闹,大人说事呢!"于是孩子带着这位"朋友"躲在角落里安静独处,很让大人"省心"。以后每当孩子吵闹时,家长如法炮制,屡试不爽。然而,片刻的安宁日后却给家长带来了无尽的烦恼。有人说:电子产品是孤独的人的伙伴。所以，切莫用方便的电子产品代替家长的陪伴，从而导致孩子迷恋并依赖它。

学校为了让孩子们拥有一个美好的童年，每学期都会开展"亲子阅读""亲子戏剧节""亲子运动会"等活动。这些活动就是希望家长参与到孩子们的学习生活中，让孩子们感受到父母的爱。孩子的成长不单单需要物质的给予，更需要家人精神上的陪伴！在家里，请将那些代替我们发声的读物丢掉，换做自己睡前亲自给孩子讲故事。等孩子大一点儿，识得几个字了，和他们一起捧起书，通过手指对纸张的触碰，让孩子感受文字带来的乐趣。若针对书中的内容、情节、人物等再和孩子进行一些交流，我们的孩子怎么还会迷恋那些冰冷的电子书？再大些，我们和孩子们一起组装小帆船，找一条不急不缓的小河让小帆船顺着小河航行。我们有理由相信，孩子们对组装小帆船的兴趣一定会远远大于对"植物大战僵尸"的关注。因为他们能够触碰到真实的溪流，感受到和父母在一起游戏的幸福！

二、生活是最理想的课堂

同事的孩子小亮喜欢读书，性格开朗，热爱运动，对电子产品完全是无所谓的状态。一次和小亮父亲聊天，得知小亮的课余时间忙着呢！他要制作航模，和父亲爬山，捉虫子做标本。他们爷俩儿，夏天自己熬胶粘知了，冬天自制冰车去滑冰，抽空还得去科技馆做志愿者！小亮父亲的一席话让我豁然开朗。是啊，我们可以培养孩子多方面的爱好，转移他的兴趣点，让他感悟生活的丰富多彩，远离电子产品就会是不难解决的一道难题。当然，电子产品作为时代的产物，也是孩子们应该了解的。因此，作为家长我们要指导孩子正确地使用电子产品，避免孩子长时间不分场合地沉迷。

相信我们所做的这一切会使孩子发现原来生活像彩虹一样美丽，他们的兴趣一定会被这丰富的生活点燃，到那时我们将不用再担心电子产品给孩子生活带来的"威胁"。

孩子不爱运动怎么办？

案 例

体育测试结束后，班中的"小胖子"垂头丧气地走到我面前，痛苦地告诉我今天的测试又"全军覆没"了。看着他愁眉苦脸的样子，我想起了半年前也是这样的情景，当我与他的爸爸沟通这件事时，我看到孩子爸爸也是一脸无奈，他告诉我，孩子极其不愿意动，回到家就"宅"在屋里，什么办法都用了，就是无济于事。

对待不爱运动的孩子，用生拉硬拽的方法是不行的，关键是想办法激发他们的兴趣，可先从散步这样简单的运动开始，把孩子吸引到户外，再逐渐尝试放风筝、踢足球、跳绳、踢毽、抖空竹、远足、爬山等。在活动的过程中，相信孩子会渐渐体验到不同的乐趣，在感受大自然美好风光的同时，也感受到活动带给自己身心的变化，从而喜欢上运动。家长朋友不妨试试如下方法。

方法一：亲子运动。家长可以试着与孩子同时参与一项运动，还可以邀请孩子的同伴共同参与。因为再有意思的活动，如果缺少了同伴或者家长的参与，孩子也会渐渐失去兴趣的。运动的同时，家长可以设计一个记录表，记录孩子每天的运动量及变化。一周后对照记录表进行梳理，孩子会发现自己的进步，也就会逐渐与运动结下不解之缘。家长也不妨设立奖励机制，以此增强孩子的自信心。如果孩子持之以恒地坚持下来了，家长可以写一封表扬信，请老师在全班进行宣读，鼓励孩子。

方法二：运动、游戏相结合。如果孩子不愿到户外活动，家长千万不要强迫孩子，要慢慢进行引导。最好的方法就是将体育运动与游戏相结合。推荐一个亲子互动的室内游戏——Wii（家用健身娱乐游戏机），根据孩子的喜好，他可随意选择多种体育游戏类型，最好家长充当他的陪练，这样在有限的空间内也能达到锻炼目的。也可以请小伙伴到家里与他一起跳"跳舞毯"、组装并飞行"航模"等。孩子一旦上了瘾，就会嫌家里的空间小，就会想进行"真枪实弹"的体验，再加上家长适时的智慧引导，孩子一定会主动走出家门参加锻炼的。到了户外，活动量就会随之增加，内容也会随之调整。针对孩子的兴趣，家长可以创设不同的情境，如寻宝记、迷宫大冒险等，通过语言及肢体动作的渲染，吸引孩子进入情境，并将加速跑、跳远、投掷等运动项目巧妙地加入，使孩子既能够感受到游戏的快乐，又完成了体育锻炼，一举两得。

方法三：花样翻新。悠悠球、轮滑、滑板等项目令大人们眼花缭乱，同时也备受孩子们的青睐。家长可以以此来调动孩子的积极性，与孩子共同尝试新的运动，并适当开展小竞赛，孩子有了兴趣，才会真正动起来。在此推荐我们学校的"花样跳绳操"，这是由我校体育老师自编自创的课间操，活泼新颖、与时俱进，深受孩子们的喜爱。家长可以让孩子当小老师，指导您学习。相信孩子一定会很乐意的！

此外，学校开展田径运动会、趣味运动会以及跳绳小达人等多项体育比赛时，建议家长抓住这有利契机，自己积极争当班级活动的志愿者，并鼓励孩子参与到力所能及的项目中，齐心协力为集体做贡献。如不能参加常规的田径比赛，不妨引导孩子参与到展示民族及世界文化的利用废旧物品制作服饰的入场式中，也可以参与到学校自编的健身操中及体现集体智慧的"履带战车"中，还可以参与到彰显"大力士"的投掷项目中。

　　孩子都是积极向上的，只要我们用心去培养他（她），相信他（她）也会"宅"在大自然中，也会成为体育爱好者！日复一日地坚持练下去，相信孩子不仅能找到释放能量的地方，更能收获亲情，体验到运动带给他（她）的变化。

孩子写作业需要家长陪伴怎么办?

案 例

　　上三年级的阳阳背着书包回家了。一到家就把书包往沙发上一丢,打开电视机一边吃着东西一边看起了动画片。不久,妈妈打来了电话:"阳阳,你抓紧写作业啊。妈妈要加班,要晚些回家。"阳阳看完电视,又开始玩玩具。妈妈晚上七点多钟才回到家,进门就问:"阳阳,作业做完了吗?""没有,我要妈妈陪我做作业。"晚饭后妈妈只好耐着性子陪着阳阳写作业,作业做完时已经很晚了。这是阳阳妈妈心中一直很郁闷的一件事,孩子做作业家长要一直陪下去吗?

　　陪伴孩子学习的目的是为了不陪。孩子学习习惯养成了,学习方法掌握了,思维能力增强了,就要逐渐放手。

一、低年级孩子的作业需要家长陪伴

　　如上述案例中的阳阳,三年级了还要家长陪着写作业,是因为在低年级时家长做法不当。刚刚入学的孩子,刚开始学习,需要家长陪着,帮孩子静下心来学习。我女儿在低年级时,每天放学回家第一件事就是按照老师留的作业要求写作业,我会一直陪伴在女儿的身边,一个重要任务就是帮女儿解读作业要求,在读懂要求的情况下让女儿独立完成,遇到有难度的问题,还可以与孩子讨论。孩子的写字姿势、握笔方法也恰恰是在低年

级逐渐形成的，因此，陪伴孩子写作业不仅要指导学习方法，还要关注孩子的坐姿与握笔情况。女儿每写完一项作业，就认真地在记事本上打对勾。完成作业后，我指导女儿收拾好书包，使女儿养成每天自己独立收拾书包的习惯。陪在孩子身边时，我会督促孩子一心一意地完成作业，学会抓紧时间。因此，在孩子写作业时千万不要送水、送水果，这样会打扰孩子，不利于孩子专注地完成作业。在低年级，我们要让孩子慢慢感受到学习是一件好玩的事，写作业也是一件快乐的事。

二、中年级孩子写作业家长要适时放手

步入中年级，孩子的有意注意随之增长，能较为自觉地支配自己的行动，思维方式正处在形象思维向抽象思维过渡时期。因此，我们做爸爸妈妈的要慢慢放手，让孩子自己写作业，鼓励孩子自主学习。遇到问题时，与孩子一起探索讨论，在方法上进行点拨，鼓励孩子自己想办法，寻求解决问题的方法。逐渐让孩子意识到写作业是自己的一件重要的事。

我女儿在上三年级时，有一次老师布置了听写字词的作业，可是妈妈爸爸都很忙，谁也不能立马腾出手帮她听写。不一会儿，女儿的房间里传出了自己给自己听写的声音，原来，她用手机先把字词录了下来，每个词读两遍，之后再放录音完成了听写作业。孩子到了中年级，我们做父母的就要有意识地放手，让孩子品尝到自己学习的甜头，由陪逐渐到不陪，使孩子逐渐意识到独立完成作业的重要性。

三、高年级孩子写作业就要尝试自主管理

高年级的孩子仅仅停留在按时完成作业的层面上，显然对知识的深入理解、能力的提升不利。作为高年级孩子的家长，不妨鼓励孩子创造性地完成家庭作业，学会合理安排做作业的先后顺序。比如，一个简单的听写作业可以放在第一项初步完成，把它当成记忆力训练的一个材料，在最短的时间内将所要记的词语用自己最喜欢的方式记下来，然后放在一边，再完成其他作业，等其他作业全部完成后，最后一项再听写一遍，并且统计

正确率。在一个阶段内，持续关注自己记忆力的变化，孩子会惊喜地发现自己的进步。举一反三，家长要鼓励孩子及时总结完成作业的方法和技巧，也可以把自己读书时好的经验介绍给孩子，让孩子创造性地借鉴和运用。这一阶段过渡得好，孩子把完成作业当成自我管理、自我提升的一个检验标准，一定会为中学乃至大学学习奠定良好的基础。

总之，陪是为了今后的不陪，陪要注重过程，讲究方法，遵循规律。放是为了孩子今后的成长，只有放手让孩子学会自我管理，孩子成长的基石才能更牢固。

孩子不懂得感恩、不关心家长怎么办?

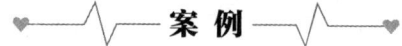 案 例

今天接到一个老朋友的电话,她委屈地向我诉说:"儿子刚刚读大学两个月就把我这个当妈的给忘了,平时很少主动给我打电话。最让我伤心的是当我告诉他最近胃有点小毛病时,儿子竟然满不在乎地说:'谁让你平时不好好吃饭,现在让我们来心疼你?'你知道平时我和他爸爸对他照顾得无微不至,可是现在他都读大学了,还不懂得感恩,不关心家长,真让人心酸。"

老朋友的话引发了我很多思考,我们做父母的,哪个不是把自己全部的爱给了孩子,可孩子为什么不懂得感恩,不关心父母呢?家长朋友,您是否也有这样的困惑呢?

现在的孩子在家里都是宝贝疙瘩,爸爸妈妈、爷爷奶奶、外公外婆两代人都围着他转。有的孩子在家衣来伸手,饭来张口,长辈对他的照顾都成了理所当然的事情。他甚至从来没有用心地去体会家人给他的爱,更不用说回报父母了。这都是孩子的错吗?家长朋友,在孩子的成长过程中,我们可能忽略了这样一个问题:引导孩子学会关心家长。

现在与大家分享一个真实的案例。王老师是名退休老师,她的儿子工作后,特别懂得关心妈妈,比如,当看到妈妈躺在床上时,一定过去仔细询问妈妈哪儿不舒服。王老师是如何教育自己儿子的呢？当儿子刚刚两三岁时，她就有意识培养孩子的责任心，和孩子做模拟游戏。当妈妈躺在床上时，孩子便拿起自己用的小棉垫或是一块小手绢给妈妈盖上。每当这时，王老师总会夸张地表扬儿子。孩子再大些了，她又教孩子学会观察，发现妈妈累了，给妈妈端杯水、捶捶背。看到爸爸干家务，她让儿子给爸爸递毛巾、擦擦汗。孩子在成长的过程中渐渐形成了习惯：我有责任照顾妈妈，关爱父母是理所当然的事。在孩子小的时候，王老师经常邀请孩子陪她一起游玩（其实妈妈选择的是儿子喜欢的项目），并有意识地让儿子为自己背包（当然包是很轻的）。每遇到熟人，王老师总会抓住时机表扬孩子："你看我儿子多棒，都能照顾妈妈了！"在这个过程中，孩子渐渐懂得了一个男子汉的责任！周末，王老师总是带着儿子与爷爷奶奶或外公外婆一起吃饭。盛饭时她会有意识地告诉儿子，先给老人送去。孩子从小养成了习惯：第一碗饭要端给长辈吃。

家长朋友，学校每学期都有感恩教育主题班队会，唱《感恩的歌》，做感恩的事，感谢老师的辛勤付出，感谢家长对自己的照顾，感谢同学间的相互帮助……旨在引领孩子学会感恩。我想王老师的教子经验及学校的做法一定能给您带来启发与思考。

孩子之间出现矛盾，家长如何处理？

 **案 例**

一天，妈妈接亮亮回到家，亮亮满脸的不高兴。奶奶关切地问："怎么了？""您孙子在学校摔着了，据说是同学小刚推倒的，您看腿都青了一大块儿。"妈妈没好气地说。"哎呀，宝贝儿，让奶奶看看。这个小刚太可恶了，明天我接孩子时找她妈妈说理去。"奶奶又心疼又气愤。"亮亮奶奶，我问过孩子了，几个孩子在一起玩游戏，后面的孩子推我们小刚，小刚不小心碰倒了亮亮。你也不能只指责我们孩子啊……"第二天，两个家长不欢而散。

家长朋友，当您发现孩子在学校与同学发生了矛盾，甚至出现了小磕碰，看到孩子受了委屈，您心里一定感到心疼甚至很气愤。这是合乎情理的。不过为了孩子更好地成长，我们应该如何处理这些小矛盾呢？

现与家长朋友聊聊几年前发生在我们学校的一个真实的案例。课间活动时间，小华与小力在操场上快乐地追逐嬉闹。"来呀，追上我，我就把小飞机送给你。"小力在前面跑，小华奋力猛追，几个箭步从后面拽住了小力的卫衣帽子。就在小力用力挣脱的一刹那，小华一松手，手中的卫衣帽子绳猛地反弹到前边，绳上的铁包扣不偏不斜正好打到小力的门牙上。顿时，小力新换的一颗门牙被打掉了一半。面对这个不愉快的问题，两个家长的做法至今让老师们感动。"小力妈妈，非常抱歉，都是小华的错。这孩子做事情实在不考虑后果。我们一定好好教育他……"小华的家长首先真诚地向小力的家长道歉，并一再表示负责孩子的医药费。小力的家长被对方的真诚感动，坚决不让其付钱："孩子在一起玩耍，出现意外，也不是故意的。千万别说赔偿的事。"在问题处理过程中，两个孩子也全程看到了家长的态度，潜移默化地受到了影响。从此他们懂得了：在追逐嬉戏中要有防范意识，既不要伤害同学，也要学会自我保护。出现问题时要学会担当，处理问题时要学会宽容……后来两个孩子成了好朋友，两个家长也成了挚友！

亲爱的家长朋友，当孩子之间发生了矛盾，我们家长该扮演什么角色更合适呢？是激化矛盾，还是理智地退一步将大事化小、小事化了呢？我想，现在您的心里一定懂得了理解与宽容的力量！

孩子犯错误，家长是否可以惩罚？

案 例

小军放学没有和家长打招呼，偷偷跑到游戏厅打游戏。爸爸找到他后批评他，告诉他，家人都很担心他的安全。可是小军却不以为然，说："我不是没出什么事吗？"气得爸爸打了他一顿，说是让小军记住这次教训。小军挨打了也很委屈。父子俩很长时间没说话。

遇到这样的情况，我们家长该怎么办呢？我的经验是：沟通、批评是一定要有的，适当的惩罚也是可行的。但是，前提是沟通要适时，惩罚要适度。在这里我要告诉家长朋友最重要的一点：不要急于与孩子交流！因为当事情刚刚发生的时候，大多数人都是处于比较激动的状态。这时候不论是孩子还是您都容易站在自己的角度考虑问题，沟通就会产生障碍。

学校老师若发现了孩子们的错误，通常会这样做：先用目光或语言对孩子进行提示，制止错误的延续，然后让孩子坐回到座位上，过一段时间，老师再去和同学谈话。这样做最大的好处是：（1）可以让犯了错误的孩子有时间冷静下来，并反思自己的问题。（2）便于老师调查事情的始末，为后期的谈话、交流的公正性奠定基础。毕竟公正是彼此沟通的基础。作为家长，您在家里应该怎么做呢？有两个办法，不妨试试。

一、设立反思角

如果孩子是低年级的小朋友，发生了类似案例中的情况，当和孩子谈话时，孩子哭闹，不讲道理，或者只是强调自己的理由的时候，家长首先要做的是不要再去和孩子沟通、谈话。可以严肃地注视孩子 1 ~ 2 分钟后，将孩子带到家里一处不摆放物品的墙角，摆一把小椅子，让孩子面对着墙角静静地坐 10 分钟，并告诉他（她），这 10 分钟谁也不能和他（她）说话，这是对他（她）的惩罚。这期间不管孩子怎么哭，都不要去说什么，一定要让孩子在墙角坐够 10 分钟。等 10 分钟过后再去和孩子谈，这时候一定会有很好的交流效果了。之所以会这样，是因为孩子犯错误时并不知道面对这样的事情我们家长的底线是什么。孩子们在按照以往获得关注或摆脱批评的经验在耍赖、在试探。当他们看到家长坚决的态度后，也就感受到了做这些事的原则和底线。而墙角作为一处相对密闭的空间，在一个人面对的时候，会给人以安全感和封闭感，这两种感觉对于人的自省有很大的帮助。孩子在这样的空间静静地坐 10 分钟，自省自己的行为，就为后期的沟通与交流奠定了基础。为了更好地观察孩子，当孩子坐在墙角后，请家长坐在一个能够看到孩子侧脸的地方，以便通过孩子的表情感受孩子的内心反应。如果孩子的情绪比较激动，我们可以适当将时间延长一些。

当然，如果孩子已经是中年级或者高年级的学生还发生这样的事情，就不能用这样的方法了。因为这说明我们在孩子前期的原则教育中已经有缺失了。这时候我们可以采用另一种方法。

二、冷处理法

这个方法其实很简单。家长将自己对这件事情的态度、观点严肃地讲给孩子，然后告诉孩子，他（她）的态度很不好，伤害了您。所以在未来的两天时间，除了叫他（她）起床、吃饭，不会再与他（她）有任何交流。在说这些的时候一定记住：只是告知，不是交流。这个方法看似简单，其实不然。因为被忽视会使人感到无助，人会自然地寻找依靠。两天的时间

孩子会想办法引起您的注意，寻求您的关注，所以作为家长一定要坚持住，否则就前功尽弃了。这两天的冷处理会使孩子深刻认识到自己问题的严重性，到那时我们再和他（她）沟通就会容易得多。

家长朋友们，奖励与惩罚是使孩子获得成长的两个方法。如果孩子的某种行为得到奖赏，孩子就会越来越愿意采取这种行为方式；如果孩子的某种行为得到了相应的惩罚，那么孩子就会去避免这种行为的发生。所以在孩子的成长过程中，我们不仅要通过奖赏强化孩子的正确行为，也要通过惩罚纠正孩子的不良行为。这样，我们的孩子才会获得更好、更全面的发展。

当家长对老师不满意时怎么办？

案　例

一天早上，小辉的爸爸怒气冲冲地来到教室，当着全班小朋友的面质问老师："昨天练习跳长绳时，小涛摇绳，故意抽到了我们小辉你为什么不管？"说完，一摔门走了。面对小辉爸爸无端的指责，老师委屈地流下了眼泪。看到老师伤心了，班里的小朋友纷纷责怪小辉："都怨你爸爸，把老师气哭了。"在雨点般的指责中，小辉自知理亏，没有做出任何反驳，只是红着脸把头深深地埋在衣服里……

第二天，小辉怯生生地来到老师身旁，悄悄地塞给老师一块糖，就爸爸给老师带来伤害表达自己的歉意……从此，小辉变得沉默寡言起来，即使老师经常找他发言，告诉他老师依然爱他，可他的改变也不是很大。

当家长知道自己的孩子在学校受到委屈时，心疼难受，甚至怒发冲冠，这是人之常情，我们都能理解。但是如果家长不加思索，冲到学校当着全班孩子，尤其是自己孩子的面斥责老师，这绝不是解决问题的最好办法。那么，究竟应该怎么做才是解决问题的最佳途径呢？我建议不妨试试如下方法。

一、发短信与老师沟通

俗话说："冲动是魔鬼。"遇到问题，家长首先应冷静下来，聪慧的

家长应第一时间向班主任了解情况，向孩子询问事情的来龙去脉。因为多数孩子是站在自己的角度来说的，难免与事实有出入。我想，作为小辉的爸爸，如果当时不只是听小辉一面之词，而是向老师详细了解小辉是不是被同学有意抽到的，他一定会客观地做出判断，也就不会发那么大的火了。

二、切忌当着孩子的面与老师发生冲突

在孩子幼小的心灵中，老师是他们心中的"神"，地位不可动摇。但是，当家长面对全班小朋友无端指责老师时，自己的孩子就会遭到全班同学的埋怨。案例中的小辉就是"受害者"，可以想象当时孩子的无奈与难堪……当孩子拿着糖果悄悄地送给老师时，我们不难猜出孩子的心理——他认识到爸爸的做法确实不妥但又无力改变，同学们会笑话他有这么个不近人情的家长，甚至担心从此会失去老师对他的爱。事实上，即使后来老师主动找小辉多次谈心，但小辉心灵的阴影在很长的时间里也没有消除，因而造成学习成绩下降，性格越来越孤僻。由于家长的不理智对孩子造成的伤害要远远大于当初被绳子抽到的伤害，老师所受到的伤害也许很快释然了，但对孩子心灵的伤害却是难以弥补的。

有段时间，我们学校面对两个学校分流学生进行调整时，一些家长不太理解学校的安排，采取了一些不理智的做法。他们聚集在校门口，当着孩子们的面发泄对学校、老师的不满。事件过后，对孩子造成的影响渐渐显露出来。很长一段时间，孩子们来到学校后无心学习，上课不听讲，写作业不认真，有的根本就不完成作业，同学间的矛盾也骤然增多，有些一向乖巧的孩子脾气也变得有些暴躁，甚至开始怀疑老师对他们的关爱。在此期间，学校和老师虽然做了大量的思想工作，但持续了将近一年，孩子们的眼神才逐渐变得柔和起来……

"亲其师，信其道"是我国古代第一部教育专著《学记》中的古训，一语道破了良好的师生关系在学生成长中的重要作用。师生关系和谐，学生愿意亲近老师，才能信任老师，心悦诚服地接受老师的教育。如果孩子在学校受到委屈时，您非常冷静、非常宽容、非常有涵养，不仅能使问题得到妥善解决，孩子还能从您的身上感受到人格魅力，为有您这样宽容大度的家长而自豪。

如何培养学生的自信心和勇气？

案 例

丽丽："妈妈，下周五我们班要选拔 DI 队员，要在全班进行演讲，由同学们推荐选手。"

妈妈："宝贝儿，你参加吧！"

丽丽："妈妈，我不行。我选不上。"

妈妈："没关系，孩子，我们贵在参与，选不上没关系。"

丽丽："不行，我讲不好，同学们会笑话我的，我还是不报名吧。"

在学习与生活中，有的孩子做事情总是缺少自信，不能勇敢地表现自己。家长朋友，您是否遇到过类似的问题？

下面聊聊丽丽妈妈的做法，希望对您有所启发。丽丽妈妈："孩子，你担心自己讲不好不想报名，这个想法很正常。我小时候也像你一样，也有过这样的顾虑。咱们这样吧，离演讲还有近两周的时间，无论参加不参加我们都精心准备。到周四，你根据准备的情况自己决定参加还是不参加，好不好？""好吧。"孩子虽然有些担心但还是答应了。接下来，妈妈陪伴丽丽认真撰写演讲稿，从网上找到相关演讲视频让孩子学习、模仿。然后指导孩子对着镜子演讲，反复练习表情与动作。利用周末时间，妈妈又把家里的几位亲朋好友请到家里来做客，并为丽丽组织了小型的个人演讲会。孩子演讲得很出色，全家人都为她鼓掌、加油。丽丽感到特别有成就感。比赛的时间到了，丽丽终于战胜了自己，走到了演讲的舞台上。虽然她还是有些紧张，但因为有了充分的准备，她取得了较好的成绩，被同学们推选为 DI 队员。有了这次经历，在以后参加 DI 活动中，丽丽简直像换了个人似的。课堂上她能积极主动发言了，在班内还经常主动帮老师做事情。陪伴孩子精心准备一次活动，帮助孩子获得了成功，建立了自信——丽丽妈妈感到特别开心！

家长朋友，看到这里您是否受到了启发？我这儿还有一个小招，不妨试一下。

小强性格有点内向，做事缺乏主动性。为了帮助孩子发现自己的亮点，建立自信心，爸爸想了这样一招：小强，从今天起，我们一家三口每天为自己找一个亮点。比如你可以找"我的作业比昨天认真了""我的错误比昨天少了""课堂上我能主动发言了""我能自己洗碗筷了"等。每坚持做一周，我们搞一次小奖励，比如周末可以带你到喜欢的地方游玩，或买一件你喜欢的小礼物等。小强爸爸这样帮助孩子发现并不断积累自己的亮点，孩子每天都感觉自己很优秀，感到爸爸妈妈发自内心地欣赏自己。他内心充满了阳光与快乐，慢慢地变得自信了。

家长朋友，当孩子在生活与学习中缺乏自信心的时候，用心帮助孩子体验一次成功，耐心指导孩子发现自己的闪光点，或许能改变孩子的一生，您不妨试一试！

孩子发脾气怎么办？

案 例

合唱比赛马上就要开始了，在教室里做准备工作的孩子和家长们都加快了换衣服和化妆的速度。这时，一声刺耳的尖叫让喧闹的教室顿时安静了下来。原来是她！忙于化妆的妈妈几次叫她的名字，要求她赶紧来涂眼影，但她依旧跟同学嘻嘻哈哈地聊天，于是妈妈严厉地冲她喊了一句："你抓紧时间！叫你多少遍了！"她愣了一下，就大哭大叫起来。看着一脸泪水坐在地上大哭大叫的女儿，这位妈妈生气地离开了教室。

家长朋友们，遇到孩子发脾气闹情绪时我们该怎么办呢？

通常很多家长会有两种选择：一个是冷处理。就像案例中的妈妈，远离哭闹中的孩子，眼不见心不烦，哭够了也就好了。还有一个是热处理。家长赶紧哄孩子，在家长的屈服中，让孩子停止哭闹。以上做法都是治标不治本的，那么到底该怎样做才能从根上解决孩子爱发脾气的问题呢？

情绪管理能力弱的孩子比较爱发脾气，这样的孩子普遍自尊心强，好胜心强，比较爱面子。他们一旦发脾气要么是狂风暴雨式，要么是沉默的倔牛式。当看到孩子无法控制情绪发脾气了，不妨试试如下方法。

第一步，无论孩子是怎样的发脾气方式，先带孩子远离刚刚脾气爆发时所处的环境和引起他情绪波动的人，以免因情绪激动发生危险。家长什么也不说，保持平静，陪着他（她），看着他（她）哭闹。

第二步，当孩子稍微冷静下来的时候，不问刚才为什么哭闹，为什么发脾气，给孩子布置一个他（她）力所能及的任务，分散他（她）的注意力，让情绪进一步平静下来。如帮忙拿东西、倒一趟垃圾、喝一杯水等。

第三步，当事后孩子情绪差不多能够平静下来时，不妨试着征求孩子意见："我们能谈谈吗？"若孩子不同意可以重复第二步。若孩子同意，便可以询问他（她）生气的原因，家长的语调一定要平静且充满关爱。

第四步，认真听孩子诉说理由，不反驳，让孩子充分表达他的想法。听完后家长务必要问孩子，你觉得这样发脾气能解决你遇到的问题吗？让孩子进行自我反思。

第五步，给孩子看看因为他（她）发脾气而失去的东西：宝贵的时间、心爱的玩具、喜欢的朋友、家长的信任等。

第六步，跟孩子一起想一个控制自己脾气的方法，把它写下来，放在孩子的书桌上或者是他（她）自己愿意放的某个地方。

第七步，孩子在相同情境中不发脾气时，家长要正面强化孩子的优良表现，巩固不发脾气的成果。

以往的教育研究指出，那些感到幸福有成就感的人，并不是高智商、高成就或者家境富裕的人，而是情商高的人。一个人控制情绪的能力体现了他的情商，也决定了他是否能获得幸福和成就感。家长是孩子的第一任老师，孩子的行为受家长的影响极大。帮助孩子发现不良情绪的根源，疏解孩子的情绪，让孩子做情绪的主人，也需要家长不断地自我修炼。一个能够很好地管理自己情绪的家长会成为孩子的榜样。

孩子总与别人发生冲突怎么办?

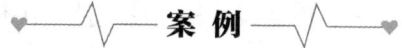

小刚是一个身强力壮的男孩儿,他脾气暴躁,经常与同学发生肢体冲突。这天课间,小刚未经允许就拿起同学桌子上的笔玩耍起来,遭到拒绝后恼羞成怒,大打出手。平时如果别人不小心碰着他了、瞪他一眼等,都能引发冲突,严重时还有打伤同学的现象。类似这样的事情数不胜数,家长为此很是发愁。

一般情况下,这类打架事件多发生在男孩子身上,孩子情绪激动时下手没轻没重,容易给别人或自身造成伤害,这是每一位老师和家长都不愿意看到的。那么小刚为什么总爱与别人发生冲突,具有暴力倾向呢?究其原因很可能是家长过于溺爱孩子所致。小刚是独子,集万千宠爱于一身,家长对其要求总是有求必应,导致孩子以自我为中心,目中无人,极少考虑他人感受,只会追求自我感知的满足。但是在学校这个集体中,哪能事事如愿?于是,稍不如意便随意发泄,一点小事都能与人冲突不断。

如果您的孩子也属于这种情况,不妨试试以下几招。

一、没有规矩,不成方圆

家长一定要狠下心来,让孩子清楚地知道:爸爸妈妈即使再爱你,也不可能无条件地妥协,我们每个人都要遵守规则。比如:别人的东西不经允许不可以动；被别人不小心碰到要大方地说"没关系"，这样才是一个小男子汉。作为家长，我们不要轻易满足孩子的过度需求，可以给他提条件，例如一个月内能自己收拾好房间就可以满足一个愿望，让孩子学会为自己想要的东西必须付出努力。

二、创设情境，换位思考

如果家长舍得，可以让孩子试着当一回被欺负者，故意找茬也"欺负"他一回、蛮不讲理一次，让孩子切身体会当弱者被欺负的滋味。

三、走出家门，敞开心扉

到周末了，家长不妨带着孩子约上三五好友走出家门，让孩子在大自然中与同伴玩耍、交往。当孩子们敞开心扉与他人真诚交往时，就会感受到与他人相处的快乐，就会爱上与他人和谐相处；如果有机会，带孩子到救助站、福利院，陪孩子一起奉献爱心将在他们的心里播下善良的种子。

四、学会道歉，主动承担

如果孩子又和同学发生冲突了，甚至将别人打伤，请家长务必冷静，担当是最好的药方，千万不要大包大揽，尽量让孩子来学会承担。比如：主动道歉，陪受伤的同学上医院，用自己的零花钱付医药费，或给同学买吃的，等等。这样，在下次动手前，孩子就会多想一想自己要承担的责任而有所顾虑。

五、大禹治水，宜疏不宜堵

教会孩子正确宣泄情感也很重要。因为孩子在受到挫折、感到愤怒却无法发泄时，容易产生攻击性行为。我们学校有一个"动动吧"，四周是宣泄墙，还有很多宣泄棒等。当孩子生气了、烦躁了、手又痒痒了，可以来这里尽情捶打而不用担心受伤。这是专门让孩子发泄情绪、释放过多精力的场所。建议您也可以在家里设置一个"宣泄角"，准备一个大海绵袋之类的东西，给孩子开通一个情绪发泄的通道。除此之外，有的孩子爱打人，也可能与他（她）经常观看暴力影片有关。孩子的模仿力很强，判断力却

不强，极易从中学会暴力和攻击的手段。平时看电影、电视，若家长没时间陪孩子一起看，一定要对其内容先审核之后再让孩子看；若家长有时间那就更好了，可以和孩子边看边聊，对里面的人物、故事情节进行正确引导，帮助孩子识别善恶。同时，家长也要好好反思自己，是否经常在教育孩子时采取武力？一个常被父母打骂的小孩儿，容易从父母的打骂行为中学会暴力和攻击的手段，养成暴力倾向，学会以暴制暴。所以当您生气时，先不要急于训斥孩子，可以出去溜一圈，等怒气平息了、头脑清醒了，再实施惩罚。一定不能因为自己的失控行为而给孩子心灵蒙上阴影。

总之，孩子犯错并不可怕，这是他（她）漫长成长过程中的必经之路。只要我们家长耐心正确引导，孩子定会成为一个健康、积极、向上的阳光少年。

如何为孩子选择合适的读物?

案 例

　　周末带女儿去书店,正巧碰上另外一对母子在选书。小男孩一会儿拿起一本童话书,一会儿又拿起一本科普书,犹犹豫豫不知选哪本。小男孩的妈妈一言不发地站在孩子身边,紧皱着眉头,看来也是没有主意。这是很多父母曾经遇到的问题,在我的教学过程中,也经常有家长为此而苦恼。

　　上述案例说明家长和孩子都已经有了阅读的意识,只是苦于不知如何选书。那么每个年龄阶段的孩子到底该读一些什么书呢? 为此我为孩子推荐以下相关的阅读书目。

　　低年级孩子重在习惯养成和阅读兴趣激发,我们推荐《我有好习惯》《成语三百则》和童话类的图书,力求贴近孩子生活,重在激发孩子的阅读兴趣,使孩子养成良好的阅读习惯。到了中年级,随着孩子识字量的增加,阅读能力也有所提高,我们向孩子推荐《稻草人》《草房子》《假如给我三天光明》等儿童文学经典作品,引导孩子能够走进经典、亲近经典,从而受到美的熏陶。到了高年级,孩子的阅读水平、思维能力和认识水平都有了极大的提高,我们引导孩子阅读《城南旧事》《史记》《莎士比亚戏剧故事集》等文学名著,引导孩子去了解社会、思考人生。

　　与此同时,我需要告诉家长朋友的是,您在选书时,在关注孩子年龄

特点的同时，可以逐渐增加孩子阅读的广度。兼顾人文类图书和自然类图书，打开孩子的视野，培养孩子广泛的兴趣爱好，促进孩子全面发展。另外，还要根据自己孩子的兴趣点选书。因为孩子的阅读基础不同，一本书适不适合孩子看，最主要是看孩子愿不愿意看。不要人为拔高，也不要人为设置障碍。当然您也可以有意地推动孩子提高阅读品位，以一本书为线索去阅读一套书。或通过一位作家的一本书，去关注该作家的其他作品。这都是选书的好方法，您不妨一试。